Liquid Impact Forming Technology of Metal Double-layer Tube

金属双层管冲击液压成形技术

刘建伟 著

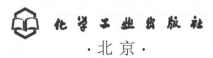

化学工业出版社

·北京·

内 容 简 介

本书介绍了一种新型金属双层管复合成形方法——金属双层管冲击液压成形技术。

本书以金属双层管塑性成形为研究对象，从材料力学、弹塑性力学、静水力学等角度，采用理论分析、数值模拟与试验研究相结合的方法，系统揭示了金属双层管在冲击液压载荷作用下的成形机理与变形规律。

主要内容包括金属双层管成形技术概述、金属双层管冲击液压成形机理、冲击液压胀形塑性本构关系的构建、金属双层管冲击液压成形规律与成形极限的研究、金属双层管冲击液压成形的优化等。本书内容力求精选，讲究实用，图文并茂，深入浅出，既有一定的理论深度，又有丰富的试验与仿真。

本书可以作为高等院校机械制造、材料加工工程等专业研究生、本科生的学习用书，也可为从事金属塑性成形相关工作的技术人员提供参考。

图书在版编目（CIP）数据

金属双层管冲击液压成形技术/刘建伟著. —北京：化学工业出版社，2021.11（2023.8重印）
ISBN 978-7-122-40183-0

Ⅰ.①金… Ⅱ.①刘… Ⅲ.①金属管-金属压力加工-塑性变形-研究 Ⅳ.①U173.1②TG301

中国版本图书馆 CIP 数据核字（2021）第 219584 号

责任编辑：贾　娜　　　　　　　　　　装帧设计：张　辉
责任校对：刘　颖

出版发行：化学工业出版社（北京市东城区青年湖南街13号　邮政编码100011）
印　　装：北京建宏印刷有限公司
710mm×1000mm　1/16　印张10¾　字数186千字　2023年8月北京第1版第2次印刷

购书咨询：010-64518888　　　　　售后服务：010-64518899
网　　址：http://www.cip.com.cn
凡购买本书，如有缺损质量问题，本社销售中心负责调换。

定　　价：89.00元　　　　　　　　　　　　　　　版权所有　违者必究

前 言

随着人们对资源利用、环境保护和可持续发展的认识逐渐深刻,节能环保和轻量化成为当今生活与生产的重要趋势之一。管材液压胀形技术(tube hydroforming,THF)是以金属管坯为对象,使其在内部液压力作用下成形为所需形状的先进制造技术,其产品在保证高质量、高精度的同时,又兼具轻便、高效等优点,大幅提高了成形零件的强度和刚度,是符合当下产业要求的新型制造工艺。

金属双层管液压胀形是基于 THF 发展起来的胀形技术,该技术充分利用了不同材料的金属性能。与传统单金属管对比,金属双层管结合了复合材料的全部优点,包含了金属材料的物理、化学、力学性能等特性,所以金属双层管具有单金属管无法实现的综合特性。除此之外,金属双层管优化配置材料性能,从而使贵重金属材料得以节约,降低原材料成本,因此金属双层管已广泛服务于航空、航天和汽车工业等领域。为了让金属双层管得到更广泛的应用,相关的专家以及业界的同行们都在致力于该技术的突破,并对双金属管材的成形性、工艺等方面进行深入的研究。然而,金属双层管液压胀形技术在实际应用过程中存在以下不足:液压成形必须依赖特殊的高内压供液设备和控制系统,大大提高了制造成本和成形难度;成形装配、密封、升压过程烦琐,导致成形效率较低。为了让金属双层管更好地服务于制造业,简化生产设备与操作难度,降低成本,提高管件成形效率和成形质量将会成为金属双层管发展的新方向,基于此,本书介绍了金属双层管冲击液压成形技术的研究。

本书采用理论分析、数值模拟与试验研究相结合的方法,对金属双层管冲击液压成形机理、成形规律、成形极限和参数优化等展开较深入研究。具体研究内容如下:

① 提出了一种新型金属双层管复合成形方法。通过对金属双层管冲击液压成形技术基本原理的描述,全面剖析了金属双层管在冲击载荷与液压力共同作用下的变形过程;利用理论分析推导构建了液压力与体积变化之间的数学模型以及内外管之间接触压力和应力应变的数学模型;利用有限元 ANSYS Workbench 软件模拟分析不同成形参数对金属双层管的复合成形与液压力的影响,为金属双层管冲击液

压成形后续研究奠定了良好基础。

② 构建了真实冲击液压载荷作用下金属薄壁管动态塑性本构关系。通过对本构关系基础理论和材料的应变速率响应的分析，并基于管材冲击液压成形的受力条件、塑形增量理论等，选定了管材冲击液压成形的动态塑性本构模型；基于冲击液压成形试验，利用高速三维散斑应变测量系统对金属薄壁管变形数据进行在线实时采集，运用遗传算法求解本构关系参数，构建了管材冲击液压载荷作用下的动态塑性本构关系；进行有限元数值模拟分析，验证动态塑性本构关系的精度。

③ 进行冲击液压载荷作用下金属双层管成形规律的数值模拟分析。利用DYNAFORM软件对成形过程进行数值模拟，获取了不同工艺参数下金属双层管合模区与自然胀形区的成形参数；对不同模具型腔、合模速度、有无预成形条件和保压条件下金属双层管冲击液压的成形过程进行详细研究，系统分析了管材合模区的胀形高度、圆角半径和壁厚分布的变化规律与特性；研究了不同合模速度和模具型腔下金属双层管冲击液压成形过程，系统分析了管材自然胀形区的应力应变、胀形高度和壁厚分布的变化规律与特性。

④ 对金属双层管冲击液压成形极限进行了分析。针对金属双层管冲击液压成形过程中可能出现的壁厚减薄、截面畸变以及失稳起皱等失效情况，利用数值模拟方法对管材胀形极限进行研究；通过对金属双层管冲击液压成形合模区和自然胀形区成形极限图的分析，得到了管材在不同模具型腔和有无预成形下的成形状态；分析了模具型腔、合模速度、有无预成形和保压条件等因素对金属双层管最大胀形高度、最小圆角半径和最小壁厚的影响规律，确定了较为合理的金属双层管冲击液压成形参数。

⑤ 进行了基于响应面法的金属双层管冲击液压成形工艺参数的优化。结合响应面法和数值模拟，选取壁厚方差、胀形高度和圆角半径作为优化目标，模具边长、合模速度和初始内压力作为优化参数，建立了优化目标和优化参数的响应曲面模型，获得了较为理想的载荷参数匹配关系，确定了金属双层管冲击液压成形的最优载荷参数；通过对数值模拟结果与响应面优化结果的对比分析，验证了响应面优化结果的可靠性，证明了该响应面模型对金属双层管冲击液压成形工艺参数优化的有效性；开展了金属双层管冲击液压成形试验研究，结果表明，胀形高度、圆角半径和壁厚分布与数值模拟结果具有较好的一致性。

本书内容是笔者近年来所做的肤浅研究工作的总结，期望本书的出版能对从事管材液压胀形技术的读者起到抛砖引玉的作用。

本书由国家自然科学基金资助项目（51765013；52065014）、广西科技计划项目（桂科AD19110055、2016GXNSFAA380135）支撑。

限于笔者学识和水平有限，书中疏漏之处难免，恳请广大读者批评指正。

著者

目 录

第1章　绪论　001

1.1　金属双层管成形技术 …………………………………………………… 001
1.1.1　冶金复合式 ………………………………………………… 001
1.1.2　机械复合式 ………………………………………………… 003
1.2　液压胀形技术 …………………………………………………………… 006
1.2.1　典型液压胀形 ……………………………………………… 006
1.2.2　径压胀形 …………………………………………………… 007
1.2.3　脉动液压胀形 ……………………………………………… 008
1.2.4　冲击液压胀形 ……………………………………………… 009
1.3　双层管液压成形研究现状 ……………………………………………… 011
1.3.1　力学行为研究现状 ………………………………………… 011
1.3.2　塑性本构关系构建方法研究现状 ………………………… 012
1.3.3　成形规律研究现状 ………………………………………… 013
1.3.4　成形极限研究现状 ………………………………………… 015
1.3.5　加载路径优化研究现状 …………………………………… 016

第2章　金属双层管冲击液压成形机理　021

2.1　引言 ……………………………………………………………………… 021
2.2　成形原理 ………………………………………………………………… 021
2.3　内压力形成的理论分析 ………………………………………………… 022
2.3.1　有预成形情况 ……………………………………………… 022
2.3.2　无预成形情况 ……………………………………………… 027
2.4　内压力形成的模拟分析 ………………………………………………… 031
2.4.1　不同模具型腔截面边长对管材液压力变化及规律的研究 ……… 031

  2.4.2 不同冲击速度对管材液压力变化及规律的研究 ·············· 035
  2.4.3 不同内外管间隙对管材液压力变化及规律的研究 ·············· 036
 2.5 自然胀形区力学分析 ································· 039
  2.5.1 管材动态力学分析 ································· 039
  2.5.2 管材应力应变分析 ································· 044
 2.6 小结 ··· 048

第3章 金属薄壁管冲击液压下塑性本构关系的构建 051

 3.1 引言 ··· 051
 3.2 金属薄壁管动态塑性本构模型选择 ·············· 052
 3.3 金属薄壁管冲击液压胀形试验研究 ·············· 054
  3.3.1 液压胀形试验系统 ································· 054
  3.3.2 试验过程及数据处理 ······························· 057
  3.3.3 试验数据获取方法 ································· 059
  3.3.4 等效应变和等效应力的确定 ······················· 061
 3.4 金属薄壁管动态塑性本构关系参数的确定 ········ 066
  3.4.1 线性回归法确定本构关系参数 ····················· 066
  3.4.2 遗传算法确定本构关系参数 ······················· 068
 3.5 金属薄壁管动态塑性本构关系的有限元模拟验证 · 073
  3.5.1 基于 ANSYS Workbench 的数值模拟分析 ············ 073
  3.5.2 基于 DYNAFORM 的数值模拟分析 ················· 079
  3.5.3 模拟结果与试验结果的对比分析 ·················· 083
 3.6 小结 ··· 087

第4章 金属双层管冲击液压成形规律研究 089

 4.1 引言 ··· 089
 4.2 合模区成形规律的研究 ··························· 089
  4.2.1 胀形高度 ··· 089
  4.2.2 圆角半径 ··· 091
  4.2.3 壁厚分布 ··· 097
 4.3 自然胀形区成形规律的研究 ····················· 101
  4.3.1 应力应变 ··· 101
  4.3.2 胀形高度 ··· 114
  4.3.3 壁厚分布 ··· 117
 4.4 小结 ··· 121

第5章 金属双层管冲击液压成形极限研究 123

- 5.1 引言 ········ 123
- 5.2 金属双层管成形极限分析 ········ 123
  - 5.2.1 合模区的成形极限分析 ········ 123
  - 5.2.2 自然胀形区的成形极限分析 ········ 125
- 5.3 载荷参数对金属双层管合模区成形极限的影响 ········ 128
  - 5.3.1 载荷参数对管材最大胀形高度的影响 ········ 128
  - 5.3.2 载荷参数对管材最小圆角半径的影响 ········ 130
  - 5.3.3 载荷参数对管材最小壁厚的影响 ········ 132
- 5.4 小结 ········ 133

第6章 金属双层管冲击液压成形优化 134

- 6.1 引言 ········ 134
- 6.2 工艺参数及优化目标设计 ········ 134
- 6.3 响应面模型的设计 ········ 135
  - 6.3.1 响应面模型的建立 ········ 135
  - 6.3.2 响应面模型的验证 ········ 136
- 6.4 响应面模型的分析 ········ 139
  - 6.4.1 方差分析 ········ 139
  - 6.4.2 响应面分析 ········ 141
- 6.5 多目标优化与有限元模拟结果 ········ 144
- 6.6 金属双层管冲击液压成形试验研究 ········ 144
  - 6.6.1 冲击液压成形试验方案 ········ 144
  - 6.6.2 试验结果与讨论 ········ 145
- 6.7 小结 ········ 149

第7章 总结 151

参考文献 155

第1章
绪　论

1.1　金属双层管成形技术

近年来，随着世界能源需求的日益增长，国内外都在加大开采石油、天然气的力度，同时油气田开采逐渐向深井、高腐蚀环境方向发展，而传统的管材逐渐不适应高腐蚀油气的输送，且采用耐腐蚀合金成本昂贵，于是金属双层管应运而生[1]。与传统单一金属材料相比，金属双层管由两种金属材料复合成形而成，因其兼具不同材料的特性，具有良好的强度和耐腐蚀性，且成本低，可以较好地实现复杂工作环境下的存储、运输功能，故在石油化工等领域具有迫切的需求。按管层间的结合方式，金属双层管复合成形方式可分为冶金复合式和机械复合式两种[2]。

1.1.1　冶金复合式

金属双层管冶金复合的机理是在一定温度下使内、外管材料发生熔融或扩散而形成冶金结合。其典型方法包括热挤压复合法、离心铸造法、爆炸焊接法、电磁成形法等。

(1) 热挤压复合法

热挤压复合法，如图 1-1 所示，其原理是将两种或两种以上金属材料组成的复合管加热到一定温度，然后通过模具及芯轴并在压头的作用下对其进行挤压，当挤压坯料截面缩减到一定尺寸时，将在结合处产生"压力锻"的焊接效应，进而形成冶金结合的金属双层管[3]。该方法适用于加工性差、塑性低的高合金金属的复合，但成形后金属双层管变形抗力小，表面粗糙度高，结合质量会受界面间氧化物膜的影响。

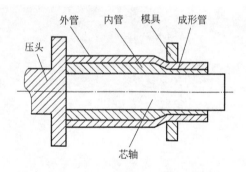

图 1-1　热挤压复合法原理示意图

(2) 离心铸造法

离心铸造法的原理是利用离心铸造技术，分层浇铸不同成分的金属液，将内外金属的熔合层控制在一定厚度范围内，形成完全的冶金熔合[4]，如图 1-2 所示。

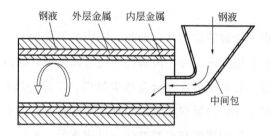

图 1-2　离心铸造法原理示意图

优点：工艺过程简单，成形件晶粒细密，力学性能良好。

缺点：铸件易产生偏析，内表面粗糙度高，且要求内衬金属熔点必须低于基材熔点。

(3) 爆炸焊接法

爆炸焊接法是利用炸药产生冲击波，使管内发生塑性变形，紧贴外管，使搭接的金属表面实现固相焊接的方法[5]，如图 1-3 所示。

优点：一次性瞬间成形，工艺简单，爆炸成形各点压力基本相同，结合强度高，适用材料范围较广。

缺点：存在化学污染、噪声污染且比较危险，对精确计算炸药用量需要相当的经验。

(4) 粉末冶金复合法

粉末冶金复合法是将两种合金粉先后充填在钢制容器内形成两层粉末管坯，加盖焊封，用热等静压提高容器内粉末的充填密度，再将管坯加热进行热挤压，用酸

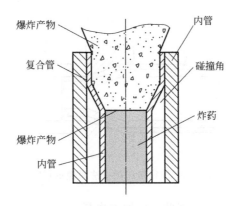

图 1-3 爆炸焊接法示意图

洗等方式除去外侧作为容器部分的钢，便制成了金属双层管[6]。

优点：成形件组织均匀，力学性能好，可实现近净成形，能大大节约金属。

缺点：制备的复合管内部存在孔隙，进行小批量生产时，成本较高。

1.1.2 机械复合式

双金属复合管的机械复合成形是依据材料的弹塑特性进行的，使复合管内管发生塑性变形，外管发生弹性变形，从而使复合管的外管对内管产生残余应力，以达到复合管内外壁的紧密贴合。机械复合式制造工艺主要有机械拉拔法、机械滚压法、机械旋压法、液压胀形法等。

(1) 机械拉拔法

机械拉拔法可分为两种[7]：一种是扩径挤压拉拔法，如图 1-4 所示，进行扩径拉拔时，内管和外管在拉挤模的作用下发生胀形扩径，进而实现管层的紧配合；另一种是缩径挤压拉拔法，如图 1-5 所示，进行缩径拉拔时，管坯在夹头的作用下，通过成形模具，内外管同时发生缩径变形，进而实现管层的紧配合。

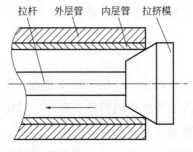

图 1-4 扩径挤压拉拔法原理示意图

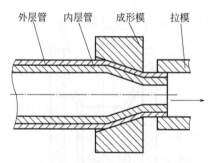

图 1-5　缩径挤压拉拔法原理示意图

优点：生产工艺简单，成本低，成形效率高。

缺点：界面非扩散结合，结合强度低，在高温状态下复合管会分层。

（2）机械滚压法

机械滚压法的原理是通过芯轴的回转带动滚动体不断挤压复合管的内壁，其周向分布的滚动体能随时自动进行径向位移补偿，同时将滚压力保持稳定或基本稳定的状态，促使内管产生径向扩胀的塑性变形，从而实现内外管间产生残余接触应力的紧密机械结合[8,9]，如图 1-6 所示。

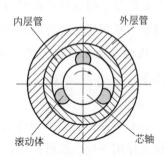

图 1-6　机械滚压法原理示意图

优点：生产效率高，内层管壁厚均匀，摩擦阻力小、能耗低。

缺点：胀接力大小难以确定，内管易形成加工硬化，易造成内管壁变薄，严重时导致内管开裂[10]。

（3）机械旋压法

机械旋压法的成形原理是两层管坯在主轴的带动下发生高速旋转，同时旋轮轴向运动挤压管材使内管和外管发生协同塑性变形[11]，如图 1-7 所示。

优点：工艺简单，成形效率高，制品范围广。

缺点：加工大管径复合管比较困难，且管层界面间的机械结合强度较低，易发生结合界面分离或脱落等现象。

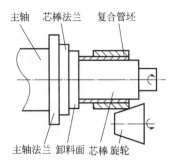

图 1-7　机械旋压法原理示意图

(4) 液压胀形法

双金属薄壁管液压成形原理如图 1-8 所示：图 1-8（a）将尺寸匹配的内外管嵌套一起摆放于模具型腔中的正确位置；图 1-8（b）上下模具合模且锁紧，相向运动的管材两端堵头密封管坯；图 1-8（c）向内管型腔内经堵头注入高压液体，使管材型腔内产生液压力 P 的同时，两端堵头继续相向运动，使管材两端产生轴向压力 F_a，因此，在液压力 P 和轴向压力 F_a 的配合作用下，使内管产生液压力并与外管贴合成形；图 1-8（d）卸载管材型腔内的液压力，开启模具，两端堵头反向

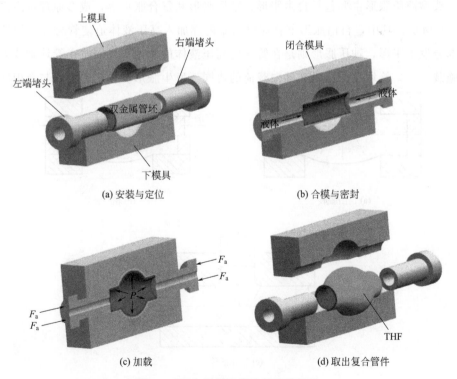

图 1-8　双金属薄壁管液压胀形原理

退去，取出复合管件。

管材液压胀形技术在工艺、成本、质量等问题上比其他成形技术更具有优势，且单金属管材不具备双金属管材的综合性优点，所以在日常生活中利用液压胀形技术获取双金属管材受到广泛关注，但就目前来说，双金属薄壁管液压胀形技术还没有达到成熟阶段，还有许多复杂且重要的问题需进一步研究分析。例如，如何保证双金属管材液压胀形后的圆角贴合，如何保证双金属管材液压胀形后的壁厚分布均匀，如何简化成形设备与降低其能耗等问题，都需要研究者们进一步研究分析来解决。

1.2 液压胀形技术

根据管材液压胀形过程中加载方式的不同，可将其分为典型液压胀形、径压胀形、脉动液压胀形和冲击液压胀形等多种成形方式。

1.2.1 典型液压胀形

典型液压胀形主要包括自由胀形、轴压胀形和复合胀形等，成形原理示意图如图 1-9 所示。其中，自由胀形下管坯仅依靠内部加入高压液体迫使管材在无模约束的部分发生胀形，轴压胀形则是在管坯内高压液体的作用下，同时在管坯轴线方向实施载荷力，管坯在内压力和轴向载荷的协同下发生胀形。该成形方法与自由胀形

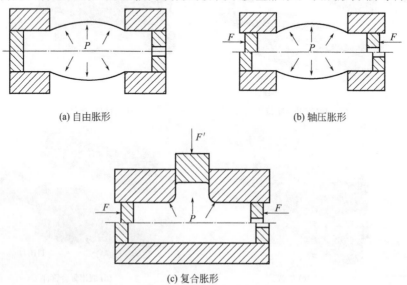

(a) 自由胀形　　　　　　　　(b) 轴压胀形

(c) 复合胀形

图 1-9　典型液压胀形成形原理示意图

相比，可有效防止胀形区管材过度减薄现象的出现[12]。而复合胀形则是在轴压胀形的基础上，通过模具作用于管材胀形径向，以进一步优化管材成形质量，该成形方式适用于T形管、X形管和Y形管等多通管件的成形。

典型液压胀形往往是在一个封闭的模具型腔内施加液压力得以完成。在这种工艺中，内压力是实现塑性变形的唯一驱动力，因此这种成形方式对管内压力的要求非常高。由此带来的一系列问题，比如需要昂贵且专用的机械设备来产生高压液体，增加了生产成本，对管端密封要求较高等，这些不便因素限制了该技术的广泛应用。

1.2.2 径压胀形

管材径压胀形技术（Tube in Hydroforming with Radical Crushing，THFRC）是一种复合成形方法，其原理是利用内管液压胀形与模具径向挤压胀形而共同使双金属管材复合成形，相对于传统的液压胀形来说，不需担心液压力过大而使管材出现破裂现象。此方法是先向内管加载液压力，使双金属管材处于自然液压胀形状态，直至外管与模具刚好贴合，且外管直径为 D_0，保压一段时间后，上下模具开始径向运动，直至模具闭合，此刻双金属管材在模具径向挤压力与液压力 P 的作用下快速地复合成形，从而得到双金属复合管件，具体原理如图1-10所示。

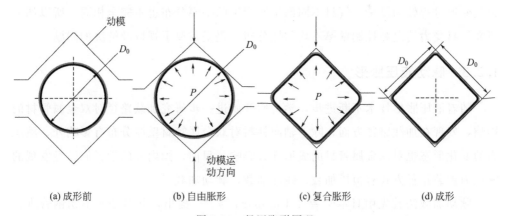

图 1-10 径压胀形原理

相对于常规的液压成形方式，THFRC具有材料贴模性好、成形液压力和合模力小、成形零件质量高等特点，因此许多学者对此工艺进行了研究。邓洋等[13]分析了载荷参数、管端约束情况和摩擦等因素对管材径压胀形下成形性的影响。得出结论如下：管材填充情况与内压力成正比，成形性与内压力成反比，且摩擦造成了管材截面的不对称现象。C. Nikhare 等[14-18]详细介绍了径压胀形与内高压成形的区别，比较了两者在同等条件下管材模具填充性能的异同，径压胀形所需要的内压力与合模力远小于内高压成形，且成形质量更好，他们还对合模力[19]、液压系统[20]和屈曲失效[21]等方面都进行了研究。Liu X F 等[22]对线性压力和恒定压力作用下管材径压胀形进行了分析，结果发现恒定液压力作用下管材起皱现象较线性压力更明显，径压胀形得到管材起皱现象较自由胀形更明显。Lei P 等[23]针对径压胀形成形方式和加载路径对管材胀形轮廓、壁厚分布和潜在破裂位置的影响做了分析研究，发现内压力峰值越大，管材材料填充性能和胀形轮廓越好，且径压胀形条件下得到管材的成形质量较自由胀形更优。Tao Z H 等[24,25]基于遗传算法和二分法，通过有限元分析方法得到管材径压胀形成形裕度图，为加载路径的优化提供指导。Yang L F 等[26]从微观结构分析了径压胀形中脉动液压载荷作用下管材成形质量有较大改善的原因。Chu G N 等[27]揭示了回弹产生的原因，即径压胀形的本质是弯曲成形，而非膨胀变形，提出了减少回弹的一些措施，包括设置更大的圆角半径和提高液体内压力。

与自然胀形技术相比，径压胀形可以避免在制造长径比大、周向截面复杂的中空零件时，因轴向材料无法及时补给，成形件易出现填充性不足和壁厚减薄严重等现象。该技术不仅节省能源，对压力设备及成形模具要求低，可获得各种高质量空心复杂截面的成形件，所以其应用前景较广。但是由于管材在径压胀形过程中的受力及变形过程较为复杂，管材不同部位所产生的壁厚分布也不完全相同，所以如何研究管材受力情况和控制壁厚不均匀性分布，仍是需要重视以及解决的问题。

1.2.3 脉动液压胀形

随着液压胀形技术不断进步，学者们开始进一步研究加载路径对双金属管材的影响，发现在加载路径方面，除了轴向补料对双金属管材壁厚分布有影响外，液压力的变化形态也对双金属管材的成形性有影响，目前，国内外的学者们已经发现的液压力加载路径方式有恒压加载、线性加载、脉动加载。

脉动加载法首先由日本学者 T Rikimaru 等[28]提出，并对 304 不锈钢管进行数值模拟和试验。结果表明，脉动加载可以促进轴端的进给，使管件形成有利的起皱，抑制管件的破裂，提高管件壁厚分布的均匀性和成形性。具体的液压加载路径如图 1-11 所示。

该成形方法是通过改变液压力的加载方式，其与传统的恒压和线性加压效果不同，K mori 等[29]利用数值模拟技术法与试验验证法研究分析了低碳钢在 3 种不同的加载方式下的成形效果，结果表明，脉动液压的加载方式比其他两种加载方式

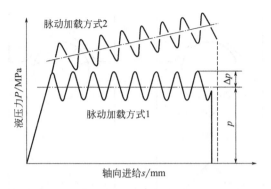

图 1-11 脉动液压胀形加载路径

的成形效果较好,同时也详细地解释了管材局部未发生变薄与破裂的原因。Xu Y 等[30] 等采用不锈钢管通过脉动加载方法进行试验,研究表明在脉动加载模式下,它可以有效地改善管材的成形性能,防止管材局部开裂。Loh-Mousavi M 等[31] 等发现脉动加载的双层管比线性加载的双层管具有胀形高度大、最大应力小、壁厚分布均匀等现象。吴丛强等[32] 分析了四种加载方法,发现脉动加载法是所研究的四种方法中最好的形成方法。陈奉军等[33] 使用有限元模拟技术来比较管材的不同加载路径。脉动加载方式下所得管材壁厚差比折线加载方式要小,成形效果较好,还发现在脉动加载方式中,当频率相等时,振幅越大,壁厚分布越均匀。王宁华等[34] 通过试验法分析有无脉动成形下的管件成形性,结果表明:脉动加载条件下的管件胀形高度大于非脉动的加载方式,且成形性能更好。

1.2.4 冲击液压胀形

冲击液压胀形(Liquid Impact Forming,LIF)是由传统冲压成形技术和管材液压胀形技术结合而产生,该工艺没有复杂流程,成形过程速度快,效率高,且能保证成形管材具有较好的填充性能[35]。其成形过程如图 1-12 所示:首先,将管坯定位于模具型腔,如图 1-12(a)所示;随后令管坯型腔充满液体并通过密封柱密封,管坯内压与大气压 P_4 相当,如图 1-12(b)所示;接着利用液压机对成形模具施加的冲压力实现合模,管坯在受压迅速产生的内压力 P_5 和合模力 F 的作用下发生塑性变形,如图 1-12(c)所示;最后合模结束,管内液压力为 P_6,管材冲击液压胀形过程结束,管坯填充性较好,如图 1-12(d)所示。

Huang C M 等[36] 开发了一种简易冲击液压胀形装置,包括冲压装置和液压胀形装置,并通过试验成功验证了冲击液压胀形技术的可行性与广泛前景。佘雨来等[37] 提出了应用 ANSYS Workbench 软件对管材冲击液压胀形进行瞬态动力学模

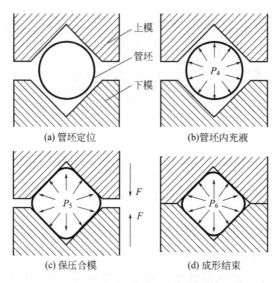

图 1-12　冲击液压胀形工作原理

拟，得到成形过程中液体内压力与时间的变化关系，为 DYNAFORM 环境下管材成形性与成形极限数值模拟提供准备条件。刘建伟等[38]通过自行设计的管材冲击液压胀形装置，针对双金属复合管在冲击液压环境下的力学行为进行了具体分析，获得了双层管实现有效胀形的内压力范围。Karami J S 等[39]通过对管材冲击液压胀形进行数值模拟和试验研究，得到如下结论：随着液体压力增加，管材成形质量趋好；模具圆角越小，管材成形到目标尺寸需要发生更大程度的塑性变形；圆角处管材壁厚有一定增加。Liu J W 等[40]通过理论分析与数值模拟研究，对冲击液压载荷作用下管材内压力产生机理做了较为详细的阐述，分析了内压力与合模参数间的关系，推导了所产生内压力的理论公式，并通过数值模拟和试验得到验证。孙昌迎[41]通过理论分析得到冲击液压胀形过程中的液压力形成机理，分析了不同模具型腔、不同内外管间隙对液压力的影响及其变化规律，通过数值模拟对管材填充性与成形性进行了研究。马建平等[42]提出了一种确定管材冲击液压胀形导向区摩擦系数的方法，通过冲击液压胀形试验，研究了冲击速度和导向长度对导向区内摩擦系数的影响。

　　LIF 与径压胀形和自然胀形相比，成形速度快、成形质量高、成本低，可将金属薄壁管成形为各种复杂形状的零件。但是现有的 LIF 装置存在结构复杂、操作不便等缺点。而且由于冲击速度较大，胀形过程中复杂的力学行为和管材成形性能所受影响的因素，都需要进一步深入研究。该技术是最近几年兴起的新技术，具有很好的应用前景。

1.3 双层管液压成形研究现状

双金属管兴起于单金属薄壁管的发展，其起源于 20 世纪 90 年代。目前的研究成果已为该技术的推广应用提供大量可靠的数据。为了让双金属薄壁管得到更广泛的应用，相关的专家以及业界的同行们都在致力于该技术的突破，并对金属管材的力学行为、塑性本构关系构建、成形规律、成形极限及路径优化等方面进行深入的研究。

1.3.1 力学行为研究现状

目前虽然管材液压胀形技术应用广泛，在成形性能、成形特性等方面也取得了很多成就，但是还需要进一步分析管材成形的力学行为，为满足实际需求奠定基础。管材成形过程中力学行为的分析有助于深层次地了解管材的变形情况，国内外学者对于不同胀形条件下的管材力学行为都进行了研究，也有了一定的进展，揭示了应力应变关系、塑性本构关系、管材变形成形机理等。

王同海等[43]基于变形力学，对管材胀形方法进行了分类，分别构建了自然胀形、轴向压缩胀形和复合变形的力学模型，以及影响胀形的因素，从力学本质上了解胀形机理，对后续学者的研究有着重要的引导意义。Liu F J 等[44]分析了双层管液压成形过程中的受力状态，并利用弹塑性理论对内外管的应力应变进行了计算，给出了液压胀接的适用条件和胀接压力的变化范围，推导出了胀接压力与残余接触压力的关系式。刘建伟等[45,46]提出了冲击液压成形技术，推出了不同载荷参数和内压力之间的计算公式，并且基于数字散斑法构建了管材的塑性本构关系，系统分析了内压力对管材胀形高度、圆角半径、壁厚分布的影响规律。杨连发等[47]发现内压力越大，管材的填充性更好，但壁厚越薄且胀形形状不对称；摩擦力越小，能在一定程度上改善管材的成形性能，管端约束越大，能提高壁厚均匀性但填充性不好。Yang L F 等[48]和 Sokolowski T 等[49]分别提出了一种用实验数据曲线拟合确定薄壁管内高压成形过程中应力-应变关系的独特方法，研制了一种简单实用的液压胀形试验装置，使用该装置，结合分析方法和有限元模拟，可以确定管状工件的材料性能。王学生等[50-52]基于薄膜物理、材料力学讨论了内外管的应力应变情况，并推导了径向应力应变和周向应力应变公式，通过受力分析进一步得到了接触压力公式和残余接触压力公式，并发现残余接触压力随着液压力的增大而增大。Song W J 等[53]通过试验和分析的方法获得了内高压成形过程中管材的流动应力，并且发现在管材内高压成形数值分析中，将自由胀形试验得到的流动应力作为输入材料特性,可以提高计算精度。李玉寒[54]设计了冲击液压胀形试验平台,并且基于JC模型和FB模型使用遗传算法构建了管材的塑性本构关系,但是由于速度较快,数据采集系统获得的数据误差较大,所构建的动态本构模型精度不是很好。Wang X S等[55]发现塑性屈服首先发生在圆角的外层,圆角的应变状态在厚度方向上缩短并拉长在环向方向,而塑性变形首先发生在过渡点,过渡点的等效应变一直是最大的,随着内压的增大,过渡点的轴向应力始终为拉应力。刘富君等[56-58]系统研究了双金属复合管的成形机理,推导出内外管应力应变关系,并且基于弹塑性理论等得到了液压力与残余接触压力之间的计算公式,探究了液压力对管材贴合情况的影响规律。

1.3.2 塑性本构关系构建方法研究现状

塑性本构关系不仅影响着管材成形机理,而且是对成形过程进行数值模拟的前提,因此,获取准确的管材塑性本构关系对LIF技术的研究具有重要意义。管材本构关系中的等效应力和等效应变必须获取胀形轮廓中的两个重要参数,即轴向曲率半径 ρ_φ 和周向曲率半径 ρ_z,其测量难度较大。

(1) 静态本构关系的构建方法

Bortot P 等[59]通过对多个管件分别测量得到各胀形压力下的 ρ_φ,但测量方法相当繁杂。为避免直接测量,李玉寒等[60]构建了冲击液压胀形真实环境下金属薄壁管的动态塑性本构关系,并将运用遗传算法和一般线性回归法确定的薄壁管材料参数分别用于 DYNAFORM 软件和 ANSYS Workbench 软件联合仿真,将模拟得到的管材胀形轮廓曲线、最大胀形高度与试验结果进行对比。结果表明,遗传算法能更准确地预测薄壁管的动态塑性本构关系。Boudeau N 等[61]假设管材液压胀形轮廓形状为圆弧,利用几何关系推导得到 ρ_φ,再利用相关塑性成形理论确定管材本构关系,以上方法采用假设轮廓形状完成曲率半径的计算,但其轮廓形状误差必将影响后续计算精度。刘建伟等[62,63]提出了基于数字散斑相关法构建管材胀形曲线方程的方法,通过测量胀形数据、点云生成、三维重构和提取胀形轮廓母线,拟合出了管材在不同内压下胀形轮廓曲线方程,为轴向和周向曲率半径的求解提供了便利条件。M Saboori 等[64]分别对 SS321、SS304、IN718 和 AA6061 四种不同材料进行自由胀形和拉伸试验,使用3D自动变形测量系统,测定了航空合金管的流动应力。王宁华等[65]通过三维应变测量系统在线实时测量管材胀形的变形数据,结合增量理论等构建管材本构关系,将模拟获得的管材最大胀形高度、胀形区轴向轮廓形状等分别与试验结果相比较,验证了所获取的本构关系的准确度。

(2) 动态本构关系的构建方法

以往研究都是在低应变率条件下建立本构关系，所选取的本构模型也是静态的，要研究冲击载荷作用下金属管材的动态塑性硬化规律，必须选择含有应变率系数的动态本构模型。常用的动态本构模型有 Zerilli-Armstrong（ZA）模型[66]，Johnson-Cook（JC）[67]，Fields-Backofen（FB）模型[68] 和 Cowper-Symonds（CS）模型[69]。Hou Q Y 等[70] 对 Mg-Gd-Y 合金进行准静态压缩试验和高应变率霍普金森试验，并根据试验数据对 JC 模型进行修正，结果显示该模型能很好地预测 Mg-Gd-Y 合金的应力应变关系。张长清等[71] 改进 Johnson-Cook 本构模型中的温度项，利用试验数据对 TC4-DT 钛合金在高应变率下的动态塑性本构关系进行拟合，得到室温下该材料的动态塑性本构方程，模型计算结果和试验结果证明该模型可以更好地预测 TC4-DT 钛合金高应变率下的塑性流变应力。陈松林等[72] 为了获得材料在高应变率下的本构模型参数，进行了激光冲击强化试验，获取了材料本构模型参数，然后进行有限元模拟，对预估的本构模型参数进行修正，并最终得到其具体值。

1.3.3 成形规律研究现状

为了进一步研究管材液压胀形技术，分析不同成形工艺对管件质量的影响规律，国内外诸多学者在管材成形规律方面进行了深入研究，揭示了液压力、轴向载荷、温度、摩擦和模具尺寸等参数对管材填充成形情况的影响规律。

杜清松等[73] 通过数值模拟研究得出了双金属复合管所需的最小成型压力和成型后内外管间的结合力，分析了双金属复合管在塑性成形过程中内外管的接触压力、径向应力应变等力学特性。该模型为不同材质和尺寸双金属管在塑性成形过程中的力学特性研究提供了基础。Hashemi S J 等[74] 研究了温度对铝合金管材自由胀形壁厚分布的影响规律，发现环境温度的升高可以有效提高管材壁厚分布均匀性和材料整体成形性。范敏郁等[75] 通过有限元模拟分析了主要工艺参数对液压胀形支管高度与壁厚均匀性的影响，发现通过降低摩擦系数的方法可以有效改善管材的成形性能，支管胀形高度与管坯内液压力成正比；管件整体的材料均匀程度随轴向进给速度减小而向好。Cui X L 等[76] 研究了管坯内部与管坯外部共同施压下的管材成形，发现在管坯外部施加高压对于壁厚减薄和过渡区材料变形有很大影响。张冰[77] 研究了不同内压、补料量和冲头后退量等工艺参数对双层 T 形三通管成形性能的影响规律，得到了成形内压和加载路径的合理配比；同时对不同摩擦系数、厚度比及材料组合进行了分析，通过改善润滑条件、确定合理的厚度比以及材料组合使壁厚分布均匀,从而成形得到合格管材。马福业等[78]通过分析管坯内压力、模具圆角半径尺寸和轴向冲击速度等载荷参数对薄壁三通管成形情况的不同影响,得到了内液力与轴向进给的合理匹配关系。Guo X Z 等[79]通过数值模拟获得了T形复合管的最佳加载路径,避免了材料失效。崔亚平等[80]通过研究发现,在成形大减径比阶梯管坯时,在管坯两端和管坯导向区域位置共同实施轴向进给的情况下获得的成形管件质量较好。刘静等[81]研究了内压力与轴向进给对双层波纹管液压胀形减薄和波高的影响规律,得到了降低波纹管减薄率的最佳加载路径。薛克敏等[82]利用有限元方法开展了桥壳液压胀形研究,探究不同的液压力与轴向进给搭配方案对其成形质量的影响,最终通过预成形、保压和不同速率的增压实现了试件的较好胀形。戴震宇等[83]通过数值模拟和试验研究发现,通过管端轴向进给的方式可以有效改善微型管件的成形性能和成形极限。Cui X L 等[84]对双金属复合管自由胀形进行了研究,发现外管可以显著提高内管的胀形能力和成形性能,使内管在破裂前获得较大的减薄,改善变形均匀性。Jia Y K 等[85]通过研究发现,增加内压力使得管材圆角半径减小,使管材与模具贴合速率增加;管材圆角的减薄程度随管材与模具间摩擦力的增加而增加。林才渊等[86]分析了内压力对双金属复合管充液压形的影响,其主要缺陷形式为回弹导致的内外层管接合不紧密,且不同材料的管材回弹形式存在较大差异。Safari M 等[87]通过研究发现,增加管内压力和模具冲程可以增加胀形高度,使管材壁厚减薄。李兰云等[88]研究了初始间隙对双金属复合管成形过程的影响,发现随着初始间隙的增大,衬管变形量呈上升趋势,基管变形量呈下降趋势,且两管间残余接触应力逐渐减小。郭奶超等[89]通过正交试验,选取内外管厚度、初始间隙、初始管长和保压时间为试验因素,选取残余挤压应力和壁厚分布均匀性指数为考察指标,确定了各试验因素对试验指标影响的主次顺序和显著程度,最后得到最佳工艺参数组合。吴娜等[90]通过改变管坯在不同成形时刻的液压力,优化了加载路径,得到了理想成形件。曾一畔等[91]通过控制单一变量,分析了脉动液压的振幅、频率以及波形对零件成形性能的影响规律,得到最优工艺参数。艾丽昆等[92]通过BP神经网络和遗传算法,对空心双拐曲轴内高压成形加载路径工艺参数进行了优化并得到了最优参数。郭衡等[93]以管材胀形高度和壁厚减薄率为优化对象,采用响应曲面法对并列双支管成形工艺参数进行了优化。Feng Y Y 等[94]基于响应面法分析了不同载荷参数对T形管液压成形性能的影响,通过响应面优化获得了适合该成形环境的最优载荷匹配关系。苏海波等[95]通过数值模拟优化了异形截面副车架的预成形形状与加载路径,改善了零件成形质量。Zhang X L 等[96]提出了一种开放式模具冲击液压胀形工艺,缓解了摩擦对成形过程的影响，改善了圆角半径的均匀填充。左佳[97]利用 DYNAFORM 软件对基于冲压成形的汽车板件进行有限元模拟，采用正交实验方法对工艺参数进行设计优化，得到影响产品质量的主次参数和最佳参数。Shinde R A 等[98]利用田口方法（Taguchi Method）探究了不同工艺参数，如模具圆角半径、管坯长度、管坯厚度和内压力对液压胀形过程的影响规律。

1.3.4 成形极限研究现状

在液压胀形过程中，不合理的工艺参数匹配往往可能导致失稳起皱、破裂和屈曲等缺陷的产生，这些失效形式严重制约了管材成形极限的提高。国内外学者对管材成形极限的研究主要包括成形极限图的构建和载荷环境对胀形极限的影响分析，为成形管件符合生产和使用需要提供了前提条件。

Merklein M 等[99]提出了一种时间相关的确定板料成形极限图的方法，将该方法应用于三种不同的金属材料，在判定材料成形颈缩现象方面与传统的标准截面分析法具有较好的一致性，验证了该方法较好的应用前景。Chen X F 等[100]开发了一套新型管材液压胀形设备，通过理论计算和数值模拟构建了管材成形极限图的"拉-拉"应变和"拉-压"应变部分，该成形极限图可以用以指导成形过程中轴向进给和内压力配合下管材在"拉-拉"应变状态下的材料流动。侯军明等[101]对管材液压胀形过程进行了数值模拟，对基于应力的管材成形极限图进行了预测，分析了其与传统成形极限图的区别，得出如下结论：成形极限值与 n 值成正比，与管材壁厚值成正比。陆宏等[102]为确定铝合金方管液压胀形的最佳成形工艺，通过有限元模拟和 S-R 理论得到了管材成形极限图，确定了其最佳加载方式。Yoshida K 等[103]通过对钢管进行液压胀形研究，在成形极限图的基础上提出了成形极限应力图（FLSD），得出了成形极限应力是否路径独立取决于材料的应变硬化行为的结论。Lei L P 等[104]通过研究发现，与 T 形管相比，保险杠的成形极限受摩擦条件的影响更为严重，铝合金材料的成形性较钢差。通过采用延性破裂准则，为管材液压胀形的成形极限提供了指导。马菖宏等[105]基于椭圆胀形试验方法，测量了不同椭圆比大小下直缝激光焊管拉-拉应变区极限应变情况。崔晓磊等[106]分析了法向液压力对成形极限的影响，以流体应变为第三坐标构建了三坐标成形极限图，并分析了液压力变化速率对管材成形极限的影响规律。胡国林等[107]通过改变管材液压胀形应变路径，揭示了其对成形极限几何形状的漂移现象，为通过成形极限图表征材料成形极限的后续研究提供参考。林俐菁等[108]通过对板管充液冲击成形进行试验研究，证明了通过椭圆胀形法对板材成形极限图的绘制具有可行性,且成形极限与成形应变速率有关。刘郁丽等[109]利用数值模拟和正交回归分析法,建立了管材起皱预测模型,研究了不同因素对起皱极限的作用,获得管材成形起皱极限图。王敬伟等[110]通过有限元模拟探究了板料成形中温度、模具圆角尺寸等因素对板料质量的影响,分析总结了不同因素对板料成形极限的作用,通过调整参数到合理值提高了材料成形极限。尹承禹等[111]通过数值模拟,分析了矩形管绕弯成形规律,通过改变壁厚、摩擦系数等工艺参数获得成形极限,并分析了不同参数作用下管材成形极限的变化情况。李军等[112]通过 DYNAFORM 数值模拟并分析总结了不同几何参数对零件成形质量和成形极限的影响规律。王鹏等[113]针对管材失稳起皱、过度减薄等失效形式对成形极限展开了分析,讨论了不同工艺参数对胀形极限产生影响的原因和规律,并提出提高成形极限的可行措施。

1.3.5 加载路径优化研究现状

影响液压胀形成形性和胀形件成形质量的因素有很多,如金属组织缺陷、载荷条件、胀形件的外形设计、管坯的尺寸、材料的塑性成形性能、摩擦作用、润滑条件和加载路径等,其中加载路径被认为是最重要的因素[114,115]。加载路径是指载荷之间的匹配关系,不合理的加载路径会使成形过程中出现破裂、起皱、失稳等缺陷。液压胀形加载路径的示意图如图 1-13 所示。

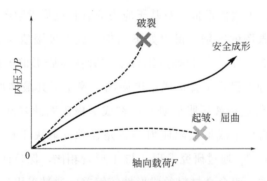

图 1-13　液压胀形加载路径示意图

随着交叉学科在液压胀形研究领域中应用和普及,加载路径的优化方法呈现出明显的智能化趋势。按智能化程度的递增顺序,优化方法可归类为理论计算方法、有限元模拟方法、基于遗传算法的优化方法、基于仿人智能控制策略的优化方法、多种优化策略结合的方法等。

(1) 理论计算法

理论计算方法从变形机理上推导最优加载路径的数学一般表达式。在理论分析前，需要对管材的塑性变形条件做出必要限制，提出必要的力学假设，并且忽略相对次要的影响因素。因此，通过理论计算法获得的加载路径具有定性预测最优加载路径的指导意义，但其优化结果并不是实际工况中最优的。

吕箴等[116] 在研究自然胀形时，通过理论分析指出了轴向与环向的应变增量之比总是增大的特殊规律。他根据这个规律，运用管板失稳准则推导出了最佳变形路径，并以满足最佳变形路径的加载路径为最优结果。

W Rimkus等[117] 在研究简单轮廓胀形件的折线加载路径设计时，认为内压力 P 经历充液、加压胀形、恒压整形三个阶段，轴向力 F 经历密封、挤压进给、恒力整形三个阶段。他通过计算各阶段末内压力 P 和轴向载荷 F 的大小确定各阶段的线性载荷曲线，进而获得了折线加载路径。

赵长财等[118] 基于塑性变形理论研究了管材自然胀形时轴向与环向的应变比，推导出了自由胀形时内压力 P 和轴向载荷 F 的一般表达式。他根据不同的应变比和变形条件获得了不同的加载路径，并指出理想加载路径所对应的轴向与环向应变比应该在 $-0.5 \sim 0.7$ 之间。

(2) 有限元模拟法

有限元模拟法是指在简单的力学分析和力学计算的基础上，应用有限元软件对液压胀形过程进行模拟，在有限的备选方案中获得较优的加载路径。

林俊峰等[119] 对非对称管件的轴压胀形过程进行了有限元模拟，获得了凸轮轴的最优折线加载路径。他先通过力学计算确定内压力 P 的取值范围，然后对不同的轴向补料量方案进行模拟并确定最佳轴向补料量，最后在数值模拟中调整加载路径各分段的斜率，获得了最优的折线加载路径。他还指出，在非对称管件的轴压胀形初始阶段，加载路径的斜率越接近 $90°$，则成形质量越好。

张彦敏等[120] 对 Y 形管的复合成形过程进行了模拟。她利用 Solidworks 软件对胀形件进行了建模并计算了胀形件的材料体积，根据材料的体积不变原理和工程经验确定了管坯的几何尺寸；然后针对不同的内压力 P 和轴向补料量方案进行了复合成形模拟，确定了较优的折线加载路径。最后，她还指出过度增加轴向补料量对增加支管高度无明显作用。

Yang J B 等[121] 以管材壁厚分布均匀性为目标函数，管材成形的贴模型作为约束函数，采用 6 节点 B 样条函数来描述内压随轴向进给的变化规律，建立了目标函数对内压以及轴向进给的灵敏度分析公式，并采用序列二次规划法获得了液压胀形的最优加载路径。

Fann K J 等[122] 将管材成形后最大壁厚与最小壁厚的差值最小作为目标函数，

管材成形的贴模性作为约束，利用共轭梯度法获得了批处理模式与序列模式下 T 形管成形的最优加载路径，并指出序列模式下的成形结果要优于批处理模式下的成形结果。

Mirzaali M 等[123,124] 采用模拟退火算法（Simulated Annealing Algorithm，SAA）处理带轴向进给与不带轴向进给的铜管液压胀形加载路径的优化，结果显示带轴向进给的成形结果的壁厚分布均匀性以及贴模性都要优于不带轴向进给的结果。

（3）基于遗传算法的优化方法

遗传算法（Genetic Algroitm，GA）是一种模仿生物进化和基因遗传变异过程的寻优计算方法，能有效求解多约束条件下的优化问题，遗传算法的基本原理如图 1-14 所示。基本遗传算法的逻辑较简单，具有较好的泛用性；改进的遗传算法，如精英保留非劣排序自动寻优方法（NSGA-II）等增加了算子的逻辑层次，具有较好的 Pateto 收敛性。液压胀形过程是典型的多约束优化问题，可使用遗传算法搜寻加载路径。遗传算法对试验经验的依赖性不强，但要求大规模迭代计算。随着现代计算机硬件技术的发展，其迭代计算的要求已不再困难。该方法存在的不足主要是由遗传算法自身缺陷引起的，即设计变量的选取、目标函数的取值范围等对遗传算法的稳定性有较大影响；在处理非线性问题时需要添加惩罚因子，增大了迭代计算量。

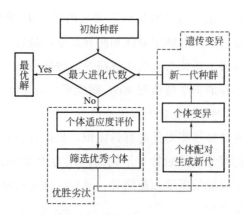

图 1-14　遗传算法的基本原理

Zhang Y 等[125] 以轴向与环向应力之比为设计变量，以胀形件的壁厚值为优化目标，运用遗传算法对加载路径进行了优化设计，获得了最优加载路径对应的应力比（或应变比），并通过工程计算表达式获得了对应的最优加载路径。他指出，分别以内压力 P 和轴向进给量作为设计变量的优化方法割裂了两者间的内在联系，导致在使用这些方法优化加载路径时出现材料受力不理想等现象。郑再象等[126]提出了一种基于NSGA-Ⅱ与液压胀形数值模拟集成的加载路径优化方法。该方法不仅能够实现加载路径的优化，还可以实现模具结构补料量以及成形件的优化设计，与人工寻优相比，该方法优化后的加载路径效果更优。

(4) 基于仿人智能控制策略的优化方法

仿人智能控制策略能模仿人类大脑的思考过程，通过归纳和分析训练样本，把变量间内在的不明确的隐性映射关系以显函数形式近似地表达出来。在液压胀形过程中，参与成形的各因素之间的映射关系至今尚不十分明确，可将仿人智能控制策略运用到加载路径的优化上。神经网络控制法和模糊逻辑控制法是仿人智能控制研究中的两个重要分支。其中，模糊逻辑控制法常与自适应仿真法结合起来使用。使用仿人智能控制策略优化加载路径时，优化策略运行一次就能获得最优加载路径，没有试错和对比过程。但是建立人工智能控制器时需要使用大量的试验数据和经验作为训练样本，而且其优化效果受制于专家系统和知识库的完善程度。另外，自适应仿真法自身存在对经验依赖性强的缺陷，需要进行大量的离线训练。

田仲可[127]在研究轴压胀形的过程中，以最大胀形处的环向和厚向应变值作为优化目标，运用神经网络控制法对折线型内压力曲线$P(t)$进行了优化，控制了内压力最大值和转折点位置，进而获得了最优加载路径。该方法的基本步骤可归纳为：采用均匀设计法制定模拟方案；在模拟中获取最大胀形处加载路径转折点(P,t)所对应的环向和厚向应变值，形成神经网络的训练样本；确定神经网络的基本类型和思考方式；使用训练样本对神经网络进行离线训练，建立转折点(P,t)与环向和厚向应变值之间的隐性映射关系；对该映射关系输入预期的应变值，神经网络随即计算和输出对应的折线型内压力曲线$P(t)$。

Li S H 等[128]在模拟 T 形管复合成形的过程中，以使单元体所能达到的成形极限安全裕度为优化目标，对成形过程进行了实时监测，利用模糊逻辑控制与自适应仿真相结合的方法对加载路径进行了优化设计。该方法的基本步骤可归纳为：把模拟过程分成多个循环小步；运用自适应仿真法在每一个循环小步中施加内压力增量P和轴向进给增量S，形成下一个循环小步的模拟方案；模拟结束后把获取的破裂指标d和起皱指标w输入到模糊控制系统中，模糊控制系统根据专家系统和知识库的指导，计算出下一个循环小步的内压力增量P和轴向进给增量S，根据这两个增量调整下一个循环步的载荷，并重新提交计算。当单元体的应变值达到成形极限安全裕度时，迭代停止，输出加载路径。自适应仿真法的基本原理如图1-15所示。

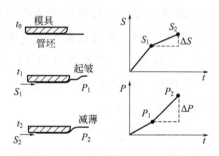

图 1-15 自适应仿真法基本原理图

(5) 多种优化策略结合的方法

耦合上述多种优化策略构建的复合优化策略能有效预测最优加载路径,可减少优化过程中的模拟和试验次数,提高优化效率[129]。多种优化策略结合的方法发挥了各优化策略的优点,使优化过程的每一阶段都能获得阶段最优解。但该方法也引入了各策略的缺陷,这些缺陷在优化过程中容易因策略初始化不合理而发生叠加和相乘放大,导致求解时间长、误差累加和无法收敛等问题。

邱建新等[130] 在研究 T 形管复合成形的过程中,结合均匀设计方法、遗传算法和神经网络控制法对载荷参数进行了优化设计,从而获得了最优加载路径。他的结合方法可归纳为:以低成形压力、最大内压力 P_{max}、轴向进给量和轴向进给速率 4 个参数为输入变量,运用均匀设计方法制定均匀设计表;通过有限元软件按均匀设计表的方案模拟复合成形过程,获得最大胀形高度、最小壁厚 t_{min} 和最大壁厚 t_{max},以输入变量和输出结果作为神经网络的训练样本,训练神经网络求解输入量与输出量之间的隐性映射关系,从而获得神经网络模型;用胀形件的壁厚差值 ($t_{max} - t_{min}$) 和最大胀形高度建立评价函数,运用遗传算法搜索评价函数值最大的输入变量,进而确定最优加载路径。

Nader A 等[131] 在研究大长径比矩形截面胀形件的轴压胀形过程中,结合了遗传算法、实验设计法和梯度法制定了复合优化策略,对最优加载路径进行了有效预测。

陶智华[132] 分析了遗传算法和二分法在寻优时的收敛特点,构建了由遗传算法和二分法构成的复合优化策略,并对径压胀形的加载路径进行了优化,通过成形件的成形质量、策略的迭代次数和全局寻优性分析了复合优化策略的有效性和稳定性。结果表明,管材在最优加载路径作用下具有相对最优的综合成形质量,且优化策略的迭代次数少、全局寻优性好。

第 2 章
金属双层管冲击液压成形机理

2.1 引言

冲击液压胀形技术下的金属双层管成形无需庞大的供液系统，提高了生产效率，降低了成本，然而，冲击液压载荷作用下的双层管成形所需液压力源自管坯型腔内部液体体积的压缩，其大小随液体体积压缩量变化而变化，为此，本章研究了金属双层管液压力形成机理及变化规律。首先，介绍金属双层管冲击液压成形的原理；然后，利用理论公式推导得出液压力与体积变化之间的数学模型关系式，总结出内外管径向冲击液压成形过程的液压力形成机理及变化规律；最后，利用有限元 ANSYS Workbench 软件模拟分析不同成形参数对金属双层管的复合成形与液压力的影响。

2.2 成形原理

为了让金属双层管成形贴合效果更好，本文先采取预成形使内外管贴合，然后利用冲击液压成形法来完成金属双层管的复合成形，其原理如图 2-1 所示。图 2-1（a）成形前：将双金属管定位于盛满液体的两箱体之间，内管两端与箱体通过连通管连通且密封，此时内管液压力为 0MPa；图 2-1（b）轴向冲击预成形：对箱体两端连接的推杆施加轴向压缩力 F，使内管型腔受到液体体积压缩而自发产生液压胀形，直至内外管刚好贴合后关闭连通管上的阀门，完成内管预成形；图 2-1（c）径向冲击液压成形：模具以一定速度 v 匀速向双金属管运动，使金属内外管充分接触，随着合模过程的进行，内外管受到径向冲击液压，其内管型腔液体受到压缩而

自发产生液压力 P_i，直至合模结束；图 2-1（d）成形结束：模具朝合模反向运动，取出成形好的金属双层管，完成冲击液压成形。

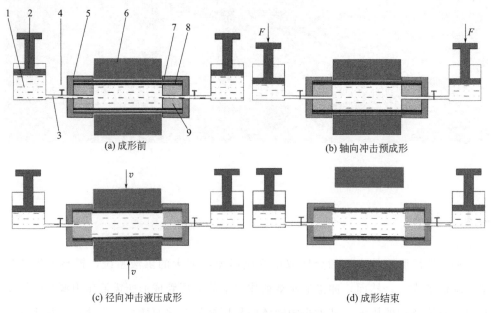

图 2-1　金属双层管成形原理图
1—箱体；2—推杆；3—连接管；4—阀门；5—保护套；
6—模具；7—外管；8—内管；9—堵头

2.3　内压力形成的理论分析

2.3.1　有预成形情况

在预成形阶段，让两端密封箱体的推杆向下冲击液体，从而，与之连接的金属内管型腔受到液体轴向冲击，内管在液体挤压状态下由弹性变形转变为塑性变形，外管在内管的作用力下发生弹性变形或者部分塑性变形，使外管的弹性回复量大于内管，从而让内外管紧密贴合，然而，在内外管刚好贴合时，内管已发生完全塑性变形，所以需分析材料强化问题，因此将内管视为线弹性强化材料模型。而外管完全处于弹性变形或者大部分处于弹性变形阶段，因此对于塑性较好的外管材料来说，可以忽略其材料强化问题，其内外管材料模型如图 2-2 所示。

在预成形阶段，金属双层管刚好贴合时，此刻所需液压力大小[133]。

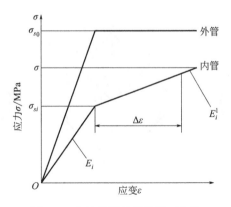

图 2-2 内外管材料强化模型曲线

$$\begin{cases} \sigma_{si}^1 \approx \sigma_{si} + E_i^1 (2\delta/d_0) \\ P_a \approx \sigma_{si}^1 \ln \dfrac{d_0 + 2\delta}{d_1 + 2\delta} \end{cases} \quad (2\text{-}1)$$

式中 σ_{si}——金属内管材料的屈服强度应力，$\sigma_{si}=170\text{MPa}$；

E_i^1——金属内管材料强化模量，$E_i^1=1.6\times10^3\text{MPa}$。

本文所研究的外管材料为 SS304，内管材料为 AA6010，在不同内外管间隙下，内外金属管刚好贴合时所需液压力如表 2-1 所示。

表 2-1 不同间隙下内外管刚好贴合时所需液压力

序号	外管外径 D_0/mm	外管外径 D_1/mm	内管外径 d_0/mm	内管内径 d_1/mm	内外管间隙 δ/mm	液压力 P_a/MPa
1	38	37	37	35	0	0
2	38	37	36.5	34.5	0.25	10.665
3	38	37	36	34	0.5	11.917
4	38	37	35.5	33.5	0.75	13.204
5	38	37	35	33	1	14.527
6	38	37	34.5	32.5	1.25	15.89

(1) 冲击液压成形的体积改变量

预成形后的冲击液压成形阶段，内外管在不同冲击阶段的中截面面积变化如图 2-3 所示，因为各中截面对称分布，所以仅需以 $A_1M_1B_1$ 的四分之一弧长作为本章的研究对象。

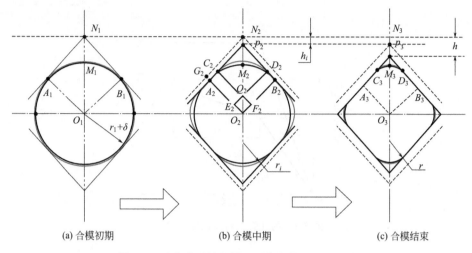

图 2-3 预成形后的金属双层管中截面面积变化

各阶段弧长表示为

$$\begin{cases} C_1 = \dfrac{1}{2}\pi(r_1+\delta) \\ C_2 = l_{A_2C_2} + l_{C_2M_2D_2} + l_{D_2B_2} \\ C_3 = l_{A_3C_3} + l_{C_3M_3D_3} + l_{D_3B_3} \end{cases} \qquad (2\text{-}2)$$

式中，C_1、C_2、C_3 分别代表预成形后的起始内管管坯四分之一中截面弧长、合模中期弧长、合模结束弧长。预成形后的冲压成形阶段中，由管材中截面周长不变可知：

$$C_1 = C_2 = C_3 \qquad (2\text{-}3)$$

根据式（2-2）、式（2-3）以及几何关系可知

$$l_{A_2C_2} = l_{D_2B_2} = \dfrac{1}{2}(C_1 - l_{M_2C_2D_2}) = \dfrac{1}{2}\left[\dfrac{1}{2}\pi(r_1+\delta) - \dfrac{1}{2}\pi r_i\right]$$

$$= \dfrac{1}{4}\pi(r_1+\delta-r_i) \qquad (2\text{-}4)$$

由图 2-3（b）的几何关系可得

$$\begin{cases} r_1+\delta = l_{O_2G_2} = l_{O_2E_2} + l_{E_2A_2} + l_{A_2G_2} \\ l_{O_2E_2} = l_{O_2F_2} = l_{A_2G_2} \\ l_{A_2G_2} = \dfrac{\sqrt{2}}{2}h_i \\ l_{E_2A_2} = r_i \end{cases} \qquad (2\text{-}5)$$

式中，r_i 表示某一时刻内管的填充内半径；h_i 表示某一时刻的合模高度，由于模具匀速闭合，因此 $h_i = vT_i$，v 表示合模速度，T_i 为合模时间。由式（2-4）和式（2-5）有

$$r_i = r_1 + \delta - \frac{2\sqrt{2}}{4-\pi}h_i = (r_1 + \delta) - \frac{2\sqrt{2}}{4-\pi}vT_i \tag{2-6}$$

所以，四分之一胀形区截面积 S_1 为

$$\begin{aligned}S_1 &= S_{O_3E_3Q_3F_3} + 2S_{A_3E_3Q_3C_3} + S_{C_3Q_3D_3} \\ &= (l_{E_3Q_3})^2 + 2(l_{E_3Q_3}l_{A_3E_3}) + \frac{1}{4}\pi r_i^2 \\ &= 2\left[\frac{\pi}{4}(r_1+\delta-r_i)\right]^2 \times \frac{\pi}{4}(r_1+\delta-r_i)r_i + \frac{1}{4}\pi r_i^2\end{aligned} \tag{2-7}$$

因此，某一时刻的整个胀形截面积 S_i 为

$$\begin{aligned}S_i &= 4S_i \\ &= 4\times\left\{\left[\frac{\pi}{4}(r_1+\delta-r_i)\right]^2 + 2\times\frac{\pi}{4}(r_1+\delta-r_i)r_i + \frac{1}{4}\pi r_i^2\right\} \\ &= \frac{\pi^2}{4}(r_1+\delta-r_i)^2 + 2\pi(r_1+\delta)r_i - \pi r_i^2\end{aligned} \tag{2-8}$$

由式（2-6）与式（2-8）有

$$S_i = \frac{2\pi^2 - 8\pi}{(4-\pi)^2}h_i^2 + \pi(r_1+\delta)^2 \tag{2-9}$$

因此，金属双层管胀形区长度的初始体积 V_0、变形某一时刻体积 V_i 分别为

$$\begin{cases}V_0 = S_0 l_0 = \pi(r_1+\delta)^2 \\ V_i = S_i l_0 = \left[\dfrac{2\pi^2-8\pi}{(4-\pi)^2}h_i^2 + \pi(r_1+\delta)^2\right]l_0\end{cases} \tag{2-10}$$

体积变化量为

$$\begin{aligned}\Delta V_i(T) &= V_i - V_0 \\ &= \frac{2\pi^2-8\pi}{(4-\pi)^2}l_0 h_i^2 + \pi(r_1+\delta)^2 l_0 - \pi(r_1+\delta)^2 l_0 \\ &= \frac{2\pi^2-8\pi}{(4-\pi)^2}l_0 h_i^2 \\ &= \frac{2\pi^2-8\pi}{(4-\pi)^2}l_0 v^2 T_i^2\end{aligned} \tag{2-11}$$

由式（2-11）可知：在冲压模具的作用下，金属双层管的管坯型腔体积变化量

$\Delta V_i(T)$ 是时间 T 的二次方程函数。且 $\Delta V_i(T) \leqslant 0$，这表明在冲压模具的合模过程中，当冲压模具速度一定时，密封管坯型腔内的液体受到逐渐压缩，且压缩量体积大小随冲压时间 T 二次方增加。

(2) 液体液压力

金属双层管在冲压模具的作用下，使内管型腔内的液体受到模具的挤压而压缩，而液体的压缩量决定了不同大小的液压力产出，因此根据相关定义公式可知：

$$\beta = -\frac{1}{V_0} \times \frac{\Delta V}{\Delta P} \tag{2-12}$$

式中　β——液体体积压缩系数，它的倒数表示体积弹性模量 K_1，即 $\beta = 1/K_1$；

V_0——金属双层管在冲压合模前的内管型腔液体体积；

ΔV——任意冲压时刻与冲压合模前的液体体积差；

ΔP——液体受压缩后液压力改变量，$\Delta P = P_0 - P_i$，P_0 和 P_i 分别为管内初始液压力和管内任意时刻的液压力。

故

$$P_i = P_0 - \frac{K_1(2\pi^2 - 8\pi)}{V_1(4-\pi)^2} l_0 h_i^2$$

$$= P_0 - \frac{K_1(2\pi^2 - 8\pi)}{\pi(4-\pi)^2 (r_1+\delta)^2} h_i^2 \tag{2-13}$$

或

$$P_i = P_0 - \frac{K_1(2\pi^2 - 8\pi)}{\pi(4-\pi)^2 (r_1+\delta)^2} v^2 T_i^2$$

(3) 不同模具型腔截面边长下的液压力分析

由式 (2-13) 可知，金属双层管冲击液压成形的液压力由液体体积压缩量决定，当液体体积压缩量较小时，液体自发产生的液压力较小，金属双层管成形不充分；当液体体积压缩量较大时，液体自发产生的液压力较大，金属双层管可能出现成形破裂现象。然而，金属双层管型腔内的液体体积压缩量大小与模具型腔截面边长有着直接关系，当模具型腔截面边长越小，冲压模具合模高度越大，体积压缩量越大；反之，模具型腔截面边长越大，冲压模具合模高度越小，体积压缩量越小；因此，为了让金属双层管冲击液压成形效果较好，设计良好的模具型腔截面边长至关重要。以下通过选取不同类型的型腔截面边长的模具来进行理论研究，分析液压力与模具型腔截面边长之间的关系，并根据其关系规律设计一套合理可靠的冲压模具，为后续模拟与试验部分的研究做铺垫。

由图 2-3 中几何关系可知

$$r_1 = l_{O_3A_3} + \frac{\sqrt{2}}{2}h_i = \frac{a}{2} + \frac{\sqrt{2}}{2}h_i$$

即
$$h_i = \frac{\sqrt{2}}{2}(d_0 - a) \tag{2-14}$$

本书选取 6 组不同类型的模具型腔截面边长进行理论分析研究，所研究的对象为双金属薄壁管在预成形后的外管外径 $D_0 = 38\text{mm}$，外管内径 $D_1 = 37\text{mm}$；内管外径 $d_0 = 37\text{mm}$，内管内径 $d_1 = 35\text{mm}$；内外管成形区域长度 $l_0 = 90\text{mm}$；双金属薄壁管的管坯型腔起始液压力 $P_0 = 0\text{MPa}$；液压油的弹性模量 $K_1 = 700\text{MPa}$；所研究的不同模具型腔截面边长 a 的取值与最大合模高度 h_i 取值，以及对应冲击液压自发产生的最大液压力 $P_{\text{max}1}$ 取值如表 2-2 所示。

表 2-2　不同模具型腔截面边长计算结果

模具名称	模具型腔截面边长 a/mm	最大合模高度 h_i/mm	最大液压力 $P_{\text{max}1}$/MPa
模具 1	31	4.949	130.154
模具 2	32	4.242	95.623
模具 3	33	3.535	66.404
模具 4	34	2.828	42.5
模具 5	35	2.121	23.906
模具 6	36	1.414	10.624

注：$P_i = P_0 - \dfrac{K_1(2\pi^2 - 8\pi)}{V_1(4-\pi)^2}l_0 h_i^2$。

2.3.2　无预成形情况

由于金属双层管内的成形液体是在内管的型腔里面，在冲压模具的作用下，模具先冲击外管，然后内管在外管的作用力下间接地使内管里面的液体受到压缩，从而自发地产生冲击液压成形。然而，金属双层管之间存在一定间隙，在模具型腔截面边长一定的情况下，无预成形下的金属双层管冲击液压成形所产生的最大液压力会受内外管之间的间隙影响。无预成形下的冲击液压成形阶段，双金属内外管在不同冲击阶段的中截面面积变化如图 2-4 所示，因为各中截面对称分布，所以仅需以 $A_1M_1B_1$ 的四分之一弧长作为本章的研究对象。

在合模中期时段，当内外管刚好接触时，内管无受力，未发生任何变形，未产生冲击液压力，此刻模具下降高度为 h_i，其大小根据图 2-4（b）的几何关系可知

$$h_i = \sqrt{2}\delta \tag{2-15}$$

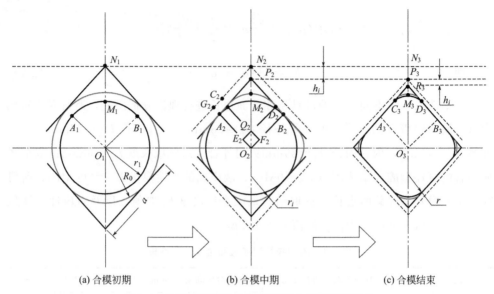

(a) 合模初期　　　　　(b) 合模中期　　　　　(c) 合模结束

图 2-4　无预成形下的金属双层管中截面面积变化

当冲压模具继续运动时，外管进一步受到冲击变形，此刻内管开始受到外管的作用力而发生变形，型腔内的液体开始受到压缩而逐渐产生液压力，直到合模结束，此过程中冲压模具的合模高度为 h_l，其大小由式（2-14）与式（2-15）可知

$$h_l = \frac{\sqrt{2}}{2}(d_0 - a) - \sqrt{2}\delta \tag{2-16}$$

（1）不同内外管间隙下的液压力分析

根据式（2-13）可知，无预成形下的金属双层管冲击液压成形的液压力与体积之间的关系式如下所示。

$$\begin{aligned}P_l &= P_0 - \frac{K_1(2\pi^2 - 8\pi)}{V_1(4-\pi)^2} l_0 (h - h_i)^2 \\ &= P_0 - \frac{K_1(2\pi^2 - 8\pi)}{\pi(4-\pi)^2 r_1^2}(h - h_i)^2\end{aligned} \tag{2-17}$$

或

$$P_l = P_0 - \frac{K_1(2\pi^2 - 8\pi)}{\pi(4-\pi)^2 r_1^2} v^2 (T - T_i)^2$$

从以上理论公式推理分析可知，金属双层管所产生的液压力与内管液体体积变化量有关，而内管的液体体积变化量与模具间接冲击内管有关，其模具冲击高度为外管内壁刚好接触内管外壁开始到模具合壁结束，因此，当模具型腔截面边长一定时，内外管间隙越大，模具下降高度 h_i 越大，合模高度 h_l 越小；反之，内外管间隙越小，模具下降高度 h_i 越小，合模高度 h_l 越大。因此，为了更好地研究金属双层管冲击液压成形状况，分析不同内外管间隙至关重要，可为后续金属双层管间隙的尺寸选择做铺垫。

本书研究的对象是以外管外径 $D_0=38\text{mm}$，外管内径 $D_1=37\text{mm}$，内管壁厚 $t=1\text{mm}$ 的尺寸不变为前提；通过改变内管直径来改变内外管之间的间隙，以下是通过选取截面型腔边长 $a=33\text{mm}$ 的模具来冲击不同间隙类型的金属双层管，分析不同内外管间隙与冲击液压后所产生的最大液压力之间的关系，为后续用 ANSYS Workbench 模拟规律的研究做铺垫，其不同内外管间隙的计算结果如表 2-3 所示。

表 2-3　不同内外管间隙的计算结果

序号	内管内径 d_1/mm	内外管间隙 δ/mm	最大合模高度 h_t/mm	最大液压力 $P_{\text{max1}}/\text{MPa}$
1	34.5	0.25	3.182	55.495
2	34	0.5	2.828	45.133
3	33.5	0.75	2.475	35.609
4	33	1	2.121	26.95
5	32.5	1.25	1.768	19.306

(2) 合模高度对比

在预成形条件下，金属双层管的内管可液压径向扩张，直至与外管刚好贴合，然后再利用冲压模具对金属双层管进行冲击，此刻，由于内外管已经贴合，可视金属双层管为一根复合管，因此，当模具冲击外管时，与外管贴合的内管也立刻受到模具的间接冲击，直至模具合闭，成形结束，此过程的合模高度为模具冲击外管开始到合模结束；而无预成形条件下的金属双层管冲击液压成形时，内外管之间往往存在一定间隙，当模具直接冲击外管时，由于内管并未与外管直接接触，此刻，内管未发生任何变形，也不会产生冲击液压力，直至模具继续冲击外管，使外管与内管接触后，内管受到外管的作用力而间接地受到模具冲击，产生冲击液压力，此刻开始直至模具完全闭合的过程为金属双层管冲击液压阶段所产生的合模高度。为此，对于有无预成形条件下的金属双层管在不同模具型腔截面边长下所具有的冲击液压阶段的合模高度进行如图 2-5 所示的对比。从图中不难发现：当预成形后，金属双层管冲击液压阶段所具有的合模高度较大；无预成形阶段的内外管之间的间隙越大，冲击液压阶段所具有的合模高度越小。因此，为了让金属双层管冲击液压后成形效果较好以及内外管间贴合更充分，一般选用预成形后的金属双层管进行冲击液压成形。但对于金属双层管的成形工艺来说，预成形后冲压比无预成形而直接冲压更为复杂，如果在无预成形条件下，也可使内外管贴合成形，则此方法成形效果更佳。但这也引入如下问题：

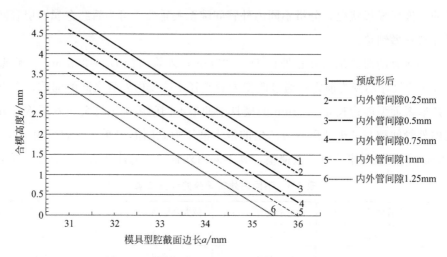

图 2-5　不同间隙下的金属双层管合模高度对比

内外管之间的间隙值越大,模具冲压时,内管产生的冲击液压力越小,可能引起内外管成形不贴合现象,为此,在无预成形且模具型腔截面边长一定的条件下,需考虑内外管之间的间隙值大小,在后续章节里将会利用 ANSYS Workbench 模拟分析验证。

(3) 液压力对比

由以上分析可知,在同一模具型腔截面边长下,不同内外管的间隙所具有的冲击液压阶段的合模高度不同,导致对内管型腔内的液体挤压量不同,所产生的液压力不同。为了进一步了解不同间隙的金属双层管与液压力之间的规律及变化关系,本章通过 1 组预成形后无间隙的金属双层管与 5 组不同间隙的金属双层管在不同冲压模具型腔截面边长的条件下进行冲击液压成形的理论分析与对比,其对比结果如图 2-6 所示。

从图中不难发现:同一组间隙的金属双层管冲击液压产生的液压力与模具型腔截面边长成反比,模具型腔截面边长越大,冲击液压阶段的合模高度越小,内管型腔液体体积变化量越小,产生的液压力越小,反之越大;在相同模具型腔截面边长下,不同间隙的金属双层管冲击液压后产生的最大液压力与内外管之间的间隙大小成反比,内外管间隙越大,冲击液压阶段的合模高度越小,内管型腔液体变化量越小,产生的液压力越小。因此,当模具型腔截面边长较大且内外管间隙较大时,冲压后产生的最大液压力较小,可能使内管成形不充分,不能与外管充分贴合,但当模具型腔截面边长较小且内外管间隙较小时,冲压产生的最大液压力较大,可能使金属双层管成形后出现飞边或破裂现象。因此,为了让金属双层管冲击液压成形效

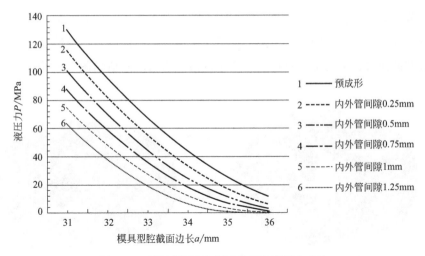

图 2-6 不同间隙下的金属双层管液压力对比

果较好，需同时考虑模具型腔截面边长与内外管间隙的问题，基于此问题，后续章节将会利用 ANSYS Workbench 有限元模拟分析验证。

2.4 内压力形成的模拟分析

在模具的合模力与管坯内的液压力共同驱使下，金属双层管快速发生变形，然而，冲击液压下的金属双层管是瞬间完成成形，为解决这种变形量大的成形问题，只利用目前的理论与试验研究是很难有效总结出金属双层管成形规律。所以，有必要借助有限元模拟软件来辅助研究分析金属双层管内部型腔的液压力与体积之间的变化规律。

本章依照冲击液压技术原理，提出冲击液压成形的 ANSYS Workbench 有限元模拟方法，分析不同参数条件下的金属双层管冲击液压成形所产生液压力大小对管材的影响，并与液压力形成机理的数学模型进行对比。

2.4.1 不同模具型腔截面边长对管材液压力变化及规律的研究

(1) 模拟变化规律

不同模具型腔截面边长的模拟方案如表 2-4 所示，其无间隙的金属双层管模拟截面效果如图 2-7 所示。从图中不难发现：型腔截面边长 a 为 31mm 或 32mm 的模具，因合模高度 h_i 较大，使上下模具对内外管挤压变形程度较大，导致金属双层管出现不均匀的飞边现象；型腔截面边长 a 为 33mm、34mm、35mm、36mm 的模具，金属双层管的内外管圆角贴合较好，且 $a=33$mm 的填充性最好，随着模

具型腔截面边长 a 值的增大，上下模具合模高度 h_i 减小，管坯型腔内的液体体积压缩量下降，自发产生的液压力随之降低，金属双层管的圆角填充性随之降低，各模具型腔截面边长下的金属双层管所产生的液压力与时间值如图 2-8 所示。

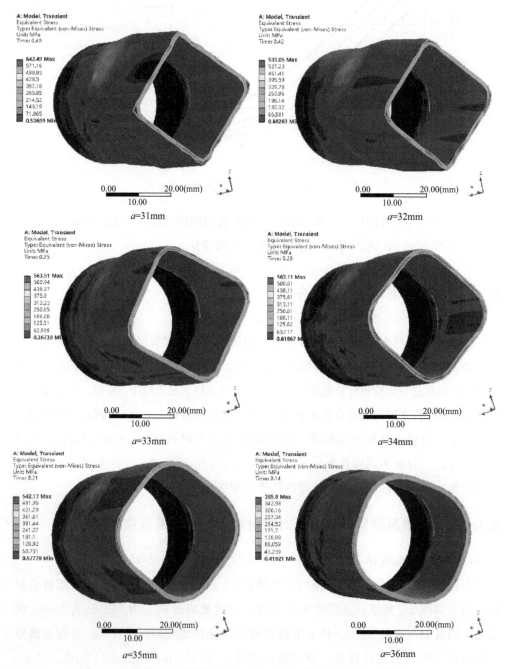

图 2-7 不同模具型腔截面边长下的金属双层管成形截面示意图

表 2-4　不同模具型腔截面边长模拟方案

序号	模具名称及参数 a/mm	合模高度 h_i/mm	合模速度 v/(mm/s)	合模时间 t/s
1	模具 1:31	4.949	10	0.4949
2	模具 2:32	4.242	10	0.4242
3	模具 3:33	3.535	10	0.3535
4	模具 4:34	2.828	10	0.2828
5	模具 5:35	2.121	10	0.2121
6	模具 6:36	1.414	10	0.1414

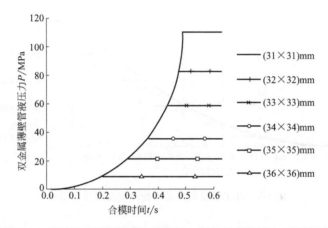

图 2-8　不同模具型腔截面边长下的金属双层管液压力与时间值

（2）模拟与理论结果对比分析

模拟与理论中 6 组不同模具截面边长作用下产生的液压力比较曲线如图 2-9 所示、参数对比如表 2-5 所示。从结果不难发现：模拟与理论的液压力曲线具有很好的一致性，而且理论结果普遍高于模拟结果，最大偏差为 14.07%。导致这一结果的主要原因是：在理论分析中，为降低数学模型构建的难度，提高实际分析的可操作性，对金属双层管成形的胀形长度、型腔体积、管坯弧长、管间作用力等参数进行简化与理想化处理，而在有限元模拟中，各模具参数、变形条件、力学性能等方面均采用真实情况进行设定，所以导致了两者间存在一定偏差。

表 2-5　最大液压力数值模拟值与理论值对比

模具名称	模具型腔截面边长 a/mm	最大合模高度 h_i/mm	理论最大液压力 P_{max1}/MPa	模拟最大液压力 P_{max2}/MPa	最大液压力偏差 F/%
模具 1	31	4.949	130.154	112.23	13.77

续表

模具名称	模具型腔截面边长 a/mm	最大合模高度 h_i/mm	理论最大液压力 P_{max1}/MPa	模拟最大液压力 P_{max2}/MPa	最大液压力偏差 F/%
模具2	32	4.242	95.623	82.165	14.07
模具3	33	3.535	66.404	59.47	10.44
模具4	34	2.828	42.5	38.815	8.67
模具5	35	2.121	23.906	21.912	8.39
模具6	36	1.414	10.624	9.542	10.18

注：最大液压力偏差 $F = 100\% \times (P_{max1} - P_{max2})/P_{max1}$。

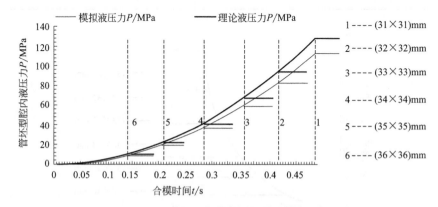

图 2-9　冲击液压阶段的理论与模拟液压力对比

通过理论与有限元模拟的对比分析，对结果进行加权修正，表示为

$$P_{max} = P_{max1}(1 - \overline{F})$$

式中，P_{max} 表示修正后的最大内压力值；$\overline{F}$ 表示最大液压力偏差平均值，根据表 2-5 计算可得 $\overline{F} = 10.92\%$，修正前后最大液压力对比如图 2-10 所示。

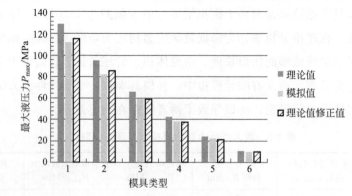

图 2-10　最大液压力修正前后对比图

2.4.2 不同冲击速度对管材液压力变化及规律的研究

由于模具型腔截面边长 $a=33$mm 时，金属双层管成形效果较好，因此本书选用该型腔截面边长的模具来对金属双层管进行不同速度的冲击，研究速度对金属双层管成形所产生的液压力影响，其具体模拟方案如表 2-6 所示，模拟液压力与时间值结果如图 2-11 所示。

表 2-6 不同冲击速度模拟方案

序号	模具名称及参数 a/mm	合模高度 h_i/mm	合模速度 v/(mm/s)	合模时间 t/s
1	模具 3;33	3.535	5	0.707
2	模具 3;33	3.535	10	0.3535
3	模具 3;33	3.535	20	0.1767
4	模具 3;33	3.535	30	0.1178
5	模具 3;33	3.535	50	0.0707
6	模具 3;33	3.535	80	0.0442

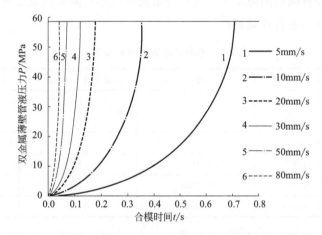

图 2-11 不同冲击速度下的双金属薄壁管液压力与时间值

图中可反映出：当模具型腔截面边长不变时，模具冲击速度不同，所需冲击时间不同，所得最大液压力大小基本相同，出现这种现象的原因是由于模具型腔截面边长不变，其模具合模高度不变，模具以不同速度冲击管材时，金属双层管的内管型腔体积改变量相同，所产生的最大液压力也相同。除此之外，随着合模冲击速度增加，冲击时间缩短，液压力增长速度增快，但最终所得液压力基本相同，其最大液压力值均为 59MPa 左右。

2.4.3　不同内外管间隙对管材液压力变化及规律的研究

（1）模拟变化规律

不同内外管间隙的模拟方案如表 2-7 所示，金属双层管模拟截面效果如图 2-12 所示，图中可反映出：在同一模具型腔截面边长下，冲击不同内外管间隙的金属双层管，所得成形效果不同，当内外管间隙小于或等于 0.5mm 时，所得冲击液压后的内外管圆角分离不明显；当内外管间隙为 0.75mm 时，所得冲击液压后的内外管出现圆角不贴合现象，且随着内外管间隙越大，其冲击液压成形后所得内外管间的圆角不贴合现象越明显。出现这种现象的主要原因是因为外管的内外径不变，内外管间的间隙越大，内管的内外径越小，在冲压合模时，对内管内的液体挤压较小，内管液体体积改变量较小，内管自发产生的液压力较小，使内管变形量降低，内管成形不充分，圆角增大；而外管由于内外径尺寸未变，在相同截面边长的模具冲压下，所产生的变形量几乎相同，因此相同的模具型腔截面边长对不同间隙的金属双层管冲击液压成形时，对外管的圆角变化影响较小，对内管的圆角变化影响较大，且随着内外管间的间隙增大，所得冲击液压成形后的金属双层管的内管填充性降低，内外管圆角贴合性降低。

表 2-7　不同内外管间隙模拟方案

序号	模具名称及参数 a/mm	合模时间 T/s	合模速度 v/(mm/s)	内外管间隙 δ/mm
1	模具 3:33	0.3535	10	0
2	模具 3:33	0.3535	10	0.25
3	模具 3:33	0.3535	10	0.5
4	模具 3:33	0.3535	10	0.75
5	模具 3:33	0.3535	10	1
6	模具 3:33	0.3535	10	1.25

综上所述，当内外管间隙小于或等于 0.5mm 时，如需简化成形工艺，让金属双层管冲击液压成形效率更高，可直接进行冲压成形；当内外管间隙大于或等于 0.75mm 时，直接冲击金属双层管不能得到较好圆角贴合的复合管，需添加一道预成形工艺，使其更好地成形。

不同间隙下的内外管冲击液压后所产生的液压力与时间值如图 2-13 所示，从图中可反映出：同一模具型腔截面边长，总合模高度相同；相同冲击速度，合模时间相同。但由于内外管间的间隙不同，所得冲击液压阶段的合模高度不同，且内外管的间隙越大，冲击液压阶段的合模高度越小，所需时间越短；反之，内外管的间

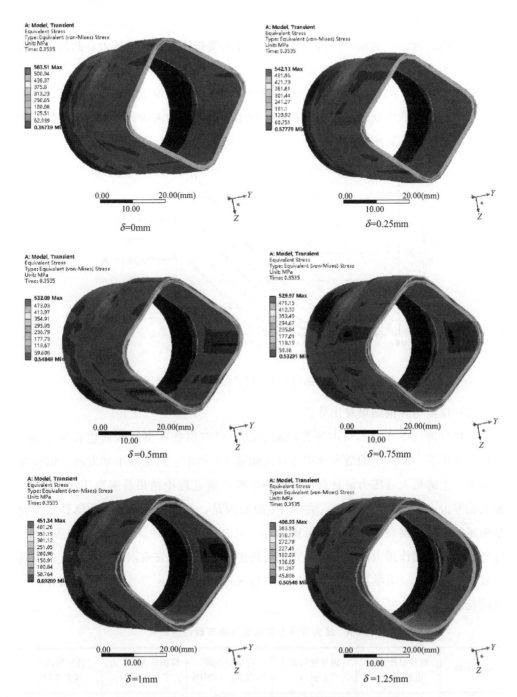

图 2-12 不同内外管间隙下的金属双层管成形截面示意图

隙越小，冲击液压阶段的合模高度越大，所需时间越长。出现这种现象的原因是因为同一模具冲击较大间隙的内外管时，外管并未立刻与内管接触，而成形液体处于内管型腔内，因此，前期冲压时间段，内管并未受挤压而产生液压力，此刻液压力值为0，直至模具继续下降，外管进一步受到冲击变形而与内管接触，从而使模具间接地冲击内管，内管型腔内的液体受到挤压而自发产生液压力胀形，直至合模结束。所以经过预成形处理后的金属双层管冲压后所产生的液压力最大，随着内外管的间隙增大，冲压后所产生的液压力越小。

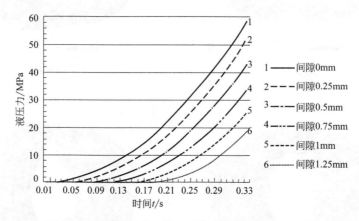

图 2-13　不同间隙的金属双层管内部液压力与时间值

(2) 模拟与理论结果对比分析

模拟与理论中 6 组不同内外管间隙下的金属双层管在型腔截面边长为 33mm 的模具冲压下，所产生的最大液压力对比如表 2-8 所示。从结果不难发现：模拟与理论所产生的最大液压力值具有很好的相近性，而且理论结果普遍高于模拟结果，最大偏差为 10.44%。导致这一结果的主要原因是：在理论分析中，为降低数学模型构建的难度，提高实际分析的可操作性，对金属双层管的胀形长度、型腔体积、管坯弧长、管间作用力等参数进行简化与理想化处理，而在有限元模拟中，各模具参数、变形条件、力学性能等均采用真实情况进行设定，所以导致了两者间存在一定偏差。

表 2-8　最大液压力数值模拟值与理论值对比

模具名称	模具型腔截面边长 a/mm	内外管间隙 δ/mm	理论最大液压力 P_{max1}/MPa	模拟最大液压力 P_{max2}/MPa	最大液压力偏差 F/%
模具 3	33	0	66.404	58.71	10.44
模具 3	33	0.25	55.495	51.498	7.2

续表

模具名称	模具型腔截面边长 a/mm	内外管间隙 δ/mm	理论最大液压力 P_{max1}/MPa	模拟最大液压力 P_{max2}/MPa	最大液压力偏差 F/%
模具3	33	0.5	45.133	42.905	4.94
模具3	33	0.75	35.609	33.638	5.56
模具3	33	1	26.95	25.238	6.35
模具3	33	1.25	19.306	18.62	3.55

注：最大内压力偏差 $F=100\% \times (P_{max1}-P_{max2})/P_{max1}$。

2.5 自然胀形区力学分析

2.5.1 管材动态力学分析

管材完成胀形后如图2-14所示。管材发生变形的区域有合模区和自然胀形区，合模区管材主要受到合模力和液压力从而发生复合变形，而自然胀形区管材主要受到液压力而发生自然胀形。

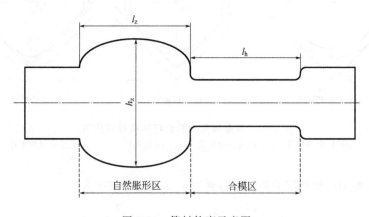

图 2-14 管材轮廓示意图

合模初期，首先向管材型腔通入液体，此时液压力为 P，内管先发生弹性形变，随着液压力 P 的增大，内管逐渐处于全面屈服状态，初始屈服压力

$$P_S = \frac{2t}{d}\sigma_s \tag{2-18}$$

式中，t 为壁厚；d 为管材长度；σ_s 为屈服强度。

当内管外壁和外管内壁刚准备接触时，内管已经产生了较大的塑性变形，忽略

较小的弹性变形，此时所需最小液压力

$$P_{\min} = \sigma_{si} \ln \frac{r_{io}}{r_{ii}} \quad (2\text{-}19)$$

式中，σ_{si} 为内管的屈服强度；r_{ii} 为内管内径；r_{io} 为内管外径。

合模开始，对外管施加正压力，由于内管外壁与外管内壁刚刚接触，内管外壁受到外管内壁施加的接触压力，液压力发生改变，不过由于内管外壁与外管内壁已经接触，管材的截面变化与单层管截面变化类似，如图 2-15 所示，可知管材合模区体积为

$$V_{hi} = \frac{2\pi^2 - 8\pi}{(4-\pi)^2} l_h h_i^2 + \pi (r_{oi} - t_{i0} + \delta)^2 l_h \quad (2\text{-}20)$$

式中，l_h 为合模长度；h_i 为合模区高度；r_{oi} 为外管内径；t_{i0} 为内管初始壁厚；δ 为内管外壁与外管内壁之间的间隙距离。

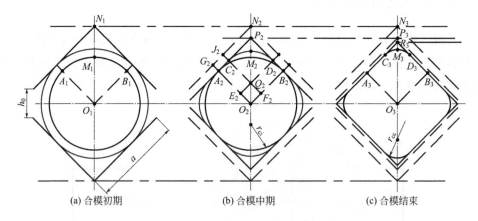

图 2-15 双金属复合管合模区截面变化图

h_0—初始合模高度；a—模具斜边长度；r_{ci}—圆角半径；r_{cc}—合模结束圆角半径

由式（2-20）和几何关系可以得到双金属复合管液压力

$$P_i = P_o - \frac{\pi l_0 \left[\frac{2\pi^2 - 8\pi}{(4-\pi)^2} l_h h_i^2 + \frac{2}{3} \pi l_z h_z^2 \right] (r_{oi} - t_{i0} + \delta)^2}{K_1} \quad (2\text{-}21)$$

(1) 有预成形下金属双层管的受力情况

有预成形金属双层管冲击液压胀形有四个阶段，如图 2-16 所示，分别是：图 2-16（a）预紧和施加液压力：首先使用中空的密封柱将内管密封好，然后将内外管对齐装配好，最后将定位圈束缚固定于外管，并将装配好的管材放置于模具指定位置；图 2-16（b）自由胀形，内外管贴合：内外管存在一定的间隙，向内管型腔

通入液体，内管在液压力的作用下发生变形直到内管外壁与外管内壁刚发生接触；图 2-16（c）开始合模：内外管已经接触，此时模具开始合模，在合模区，外管在合模力和内管外壁对外管内壁的接触压力共同作用下开始发生复合变形，内管在液压力和外管内壁对内管外壁的接触压力共同作用下继续变形，在自然胀形区，外管在内管外壁对外管内壁的接触压力作用下发生变形，内管在液压力和外管内壁对内管外壁的接触压力作用下发生复合变形；图 2-16（d）合模结束，整形填充：完全合模并保压一定时间后，撤掉高压液体即卸去液压力，内管不再受到液压力的作用，完成胀形过程。

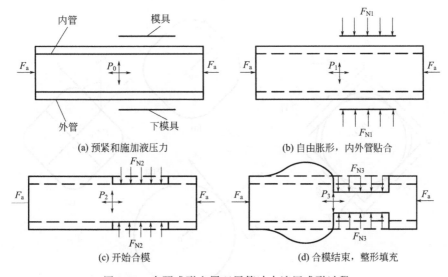

图 2-16　有预成形金属双层管冲击液压成形过程

当未施加冲击载荷时，即外管外壁未受到压力，内管在液压力的作用下发生变形，当内管外壁与外管内壁刚接触时，内管外壁与外管内壁之间会产生摩擦力 F_{foi}，对内管进行受力分析可得摩擦力

$$F_{\text{foi}} = \mu_i P_1 S_1 = 2\pi l_0 \mu_{\text{mi}} \sigma_{\text{Si}} r_{\text{ii}}^2 \ln \frac{r_{\text{io}}}{r_{\text{ii}}} \tag{2-22}$$

式中，μ_{mi} 为模具与外管外壁之间的摩擦系数。

合模开始，由于内管外壁和外管内壁刚接触贴合，当液压力继续增大时，内管外壁会对外管内壁产生压力 F'_{Ni}，而当模具与外管外壁接触时，外管也会受到冲击载荷的作用，即外管外壁会受到压力 F_{Ni}，此时外管外壁受到模具产生的摩擦力 F_{fi}，外管内壁也存在摩擦力 F_{fio}。

对外管进行受力分析如图 2-17（a）所示，由力平衡可知

$$\begin{cases} F'_{Ni} = F_{Ni}\sin\alpha \\ F_{fi} = \mu_{mi} F_{Ni}\cos\alpha \end{cases} \quad (2\text{-}23)$$

对内管进行受力分析如图 2-17 (b) 所示，内管主要受到液压力 F_P，外管内壁对内管外壁的压力 F'_{Ni} 和内外管接触产生的摩擦力 F_{foi}，则由力平衡可知

$$\begin{cases} P_i S_i = F'_{Ni} \\ F_{foi} = \mu_{io} F'_{Ni} \end{cases} \quad (2\text{-}24)$$

式中，μ_{io} 为内管外壁与外管内壁之间的摩擦系数。

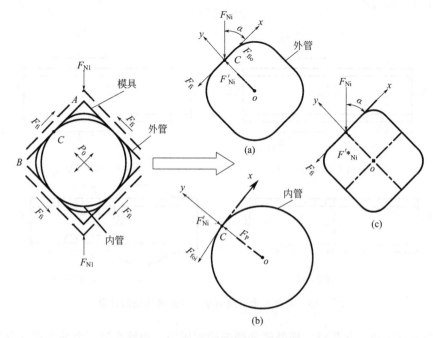

图 2-17 预成形下内外管受力分析

由式 (2-23) 和式 (2-24) 求得

$$\begin{cases} F'_{Ni} = P_i S_i \\ F_{Ni} = \dfrac{P_i S_i}{\sin\alpha} \end{cases} \quad (2\text{-}25)$$

根据椭圆形面积公式 $S = \pi ab$ 和图 2-14、图 2-15 的几何关系可得任意时刻的管材表面积

$$S_i = \frac{\pi l_z h_z}{4} + \frac{2\pi^2 - 8\pi}{(4-\pi)^2} + \pi r_1^2 \quad (2\text{-}26)$$

将式 (2-21) 和式 (2-25) 代入式 (2-26) 可得

$$\begin{cases} F'_{Ni} = \dfrac{P_o K_1 - \pi l_0 \left[\dfrac{2\pi^2 - 8\pi}{(4-\pi)^2} l_h h_i^2 + \dfrac{2}{3}\pi l_z h_z^2 \right] (r_{oi} - t_{i0} + \delta)^2}{K_1} \\ \qquad \times \left[\dfrac{\pi l_z h_z}{4} + \dfrac{2\pi^2 - 8\pi}{(4-\pi)^2} + \pi r_{ii}^2 \right] \\ F_{Ni} = \dfrac{P_o K_1 - \pi l_0 \left[\dfrac{2\pi^2 - 8\pi}{(4-\pi)^2} l_h h_i^2 + \dfrac{2}{3}\pi l_z h_z^2 \right] (r_{oi} - t_{i0} + \delta)^2}{K_1 \sin\alpha} \\ \qquad \times \left[\dfrac{\pi l_z h_z}{4} + \dfrac{2\pi^2 - 8\pi}{(4-\pi)^2} + \pi r_{ii}^2 \right] \end{cases} \quad (2\text{-}27)$$

合模结束之后,卸去液压力,即 $P_2 = 0\text{MPa}$,此时内外管紧密贴合并且已经发生了较大的塑性变形,可将内外管当作整体,如图 2-17(c)所示,双金属复合管受到正压力 F_{Ni},模具与外管之间的摩擦力 F_{fi} 和内外管之间存在的残余接触压力 F'^{*}_{Ni},则可以得到

$$\begin{cases} F_{fi} = \mu_{mi} F_{Ni} \cos\alpha \\ F'^{*}_{Ni} = F_{Ni} \sin\alpha \end{cases} \quad (2\text{-}28)$$

将式 (2-27) 代入式 (2-28) 求得残余接触压力

$$F'^{*}_{Ni} = \dfrac{P_o K_1 - \pi l_0 \left[\dfrac{2\pi^2 - 8\pi}{(4-\pi)^2} l_h h_i^2 + \dfrac{2}{3}\pi l_z h_z^2 \right] (r_{oi} - t_{i0} + \delta)^2}{K_1} \\ \times \left[\dfrac{\pi l_z h_z}{4} + \dfrac{2\pi^2 - 8\pi}{(4-\pi)^2} + \pi r_{ii}^2 \right] \quad (2\text{-}29)$$

(2) 无预成形下管材的受力情况

无预成形金属双层管冲击液压胀形工作原理如图 2-18 所示,在金属双层管预紧密封定位后,内外管之间存在一定的间隙,模具开始合模,当外管外壁与模具接触时产生合模压力 F_{N1},外管在合模压力 F_{N1} 的作用下发生变形,与此同时,内管型腔通入高压液体出现液压力 P_1,内管在液压力 P_1 的作用下发生变形,当内管外壁和外管内壁接触时,其受力情况与图 2-17(b)类似,内外管在合模压力和液压力共同的作用下发生胀形。

模具在液压机的作用下,上下模具开始合模,由于内外管之间存在一定的间隙,模具受到的初始合模力

$$F_{N1} = F_T - G_1 = 2SE\dfrac{\Delta l_1}{l_1} - G_1 \quad (2\text{-}30)$$

式中 F_T——复位弹簧弹力;
G_1——上下模具重量;
S——受力面积;
E——弹簧的弹性模量;
Δl_1——弹簧长度变化量;
l_1——弹簧初始长度。

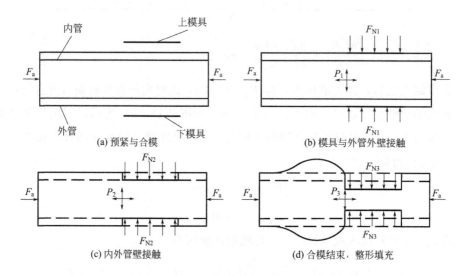

图 2-18 无预成形金属双层管冲击液压成形过程

2.5.2 管材应力应变分析

(1) 内外管复合变形阶段

金属双层管冲击液压成形过程中,随着液压力的不断增大,内管不仅仅受到液压力的作用,还会受到内管外壁与外管内壁接触会产生接触压力 F'_{Ni} 的作用,内层管受力情况如图 2-17 (b) 所示,依据特雷斯卡屈服准则,内管外壁应力状态为

$$\begin{cases} \sigma_{rio} = -F'_{Ni} \\ \sigma_{\theta io} = \sigma_{si} - F'_{Ni} \end{cases} \tag{2-31}$$

式中 σ_{rio}——内管外壁的径向应力;
$\sigma_{\theta io}$——内管外壁的周向应力;
σ_{si}——内管的屈服强度。

将式(2-21)代入式(2-31)得到

$$\begin{cases}\sigma_{\text{rio}}=-\dfrac{P_{\text{o}}K_1-\pi l_0\left[\dfrac{2\pi^2-8\pi}{(4-\pi)^2}l_{\text{h}}h_{\text{i}}^2+\dfrac{2}{3}\pi l_z h_z^2\right](r_{\text{oi}}-t_{\text{io}}+\delta)^2}{K_1}\\
\qquad\times\left[\dfrac{\pi l_z h_z}{4}+\dfrac{2\pi^2-8\pi}{(4-\pi)^2}+\pi r_{\text{ii}}^2\right]\\
\sigma_{\text{θio}}=\sigma_{\text{si}}+\dfrac{P_{\text{o}}K_1-\pi l_0\left[\dfrac{2\pi^2-8\pi}{(4-\pi)^2}l_{\text{h}}h_{\text{i}}^2+\dfrac{2}{3}\pi l_z h_z^2\right](r_{\text{oi}}-t_{\text{io}}+\delta)^2}{K_1}\\
\qquad\times\left[\dfrac{\pi l_z h_z}{4}+\dfrac{2\pi^2-8\pi}{(4-\pi)^2}+\pi r_{\text{ii}}^2\right]\end{cases} \quad (2\text{-}32)$$

根据广义胡克定律

$$\begin{cases}\varepsilon_r=\dfrac{1}{E}(\sigma_r-\mu\sigma_\theta)\\ \varepsilon_\theta=\dfrac{1}{E}(\sigma_\theta-\mu\sigma_r)\end{cases} \quad (2\text{-}33)$$

联立式（2-32）和式（2-33）得到内管外壁的应变状况为

$$\begin{cases}\varepsilon_{\text{rio}}=\dfrac{(\mu_{\text{i}}-1)}{E_{\text{i}}K_1}\left[\dfrac{\pi l_z h_{\text{f}}}{4}+\dfrac{2\pi^2-8\pi}{(4-\pi)^2}+\pi r_{\text{ii}}^2\right]\\
\qquad\times\left[P_{\text{o}}K_1-\pi l_0\left[\dfrac{2\pi^2-8\pi}{(4-\pi)^2}l_{\text{h}}h_{\text{i}}^2+\dfrac{2}{3}\pi l_z h_z^2\right](r_{\text{oi}}-t_{\text{io}}+\delta)^2\right]\\
\varepsilon_{\text{θio}}=\dfrac{\sigma_{\text{si}}}{E_{\text{i}}}-\dfrac{(1-\mu_{\text{i}})}{E_{\text{i}}K_1}\left[\dfrac{\pi l_z h_z}{4}+\dfrac{2\pi^2-8\pi}{(4-\pi)^2}+\pi r_{\text{ii}}^2\right]\\
\qquad\times\left[P_{\text{o}}K_1-\pi l_0\left[\dfrac{2\pi^2-8\pi}{(4-\pi)^2}l_{\text{h}}h_{\text{i}}^2+\dfrac{2}{3}\pi l_z h_z^2\right](r_{\text{oi}}-t_{\text{io}}+\delta)^2\right]\end{cases} \quad (2\text{-}34)$$

式中 μ_{i}——内管的泊松比；

E_{i}——内管的弹性模量。

对外管进行受力分析，在冲击载荷作用下，外管不仅仅受到合模力，而且还会受到内管外壁对外管内壁产生的接触压力 F'_{Ni}，如图 2-17（a）所示，外管内壁处的应力状况为

$$\begin{cases}\sigma_{\text{roi}}=-F'_{\text{Ni}}\\ \sigma_{\text{θoi}}=\dfrac{d_{\text{oo}}^2+d_{\text{oi}}^2}{d_{\text{oo}}^2-d_{\text{oi}}^2}F'_{\text{Ni}}\end{cases} \quad (2\text{-}35)$$

式中 σ_{roi} ——外管内壁径向应力；

$\sigma_{\theta oi}$ ——外管内壁周向应力；

d_{oo} ——外管外径；

d_{oi} ——外管内径。

将式（2-27）代入式（2-35）得到

$$\begin{cases} \sigma_{roi} = -\dfrac{P_o K_1 - \pi l_0 \left[\dfrac{2\pi^2 - 8\pi}{(4-\pi)^2} l_h h_i^2 + \dfrac{2}{3}\pi l_z h_z^2\right](r_{oi} - t_{i0} + \delta)^2}{K_1} \\ \qquad \times \left[\dfrac{\pi l_z h_z}{4} + \dfrac{2\pi^2 - 8\pi}{(4-\pi)^2} + \pi r_{ii}^2\right] \\ \sigma_{\theta oi} = \dfrac{d_{oo}^2 + d_{oi}^2}{d_{oo}^2 - d_{oi}^2} \times \dfrac{P_o K_1 - \pi l_0 \left[\dfrac{2\pi^2 - 8\pi}{(4-\pi)^2} l_h h_i^2 + \dfrac{2}{3}\pi l_z h_z^2\right](r_{oi} - t_{i0} + \delta)^2}{K_1} \\ \qquad \times \left[\dfrac{\pi l_z h_z}{4} + \dfrac{2\pi^2 - 8\pi}{(4-\pi)^2} + \pi r_{ii}^2\right] \end{cases}$$

(2-36)

联立式（2-35）和式（2-36）得到外管内壁的应变状况为

$$\begin{cases} \varepsilon_{rio} = \dfrac{1}{E_o}\left(1 + \mu_o \dfrac{d_{oo}^2 + d_{oi}^2}{d_{oo}^2 - d_{oi}^2}\right)\left[\dfrac{\pi l_z h_z}{4} + \dfrac{2\pi^2 - 8\pi}{(4-\pi)^2} + \pi r_{ii}^2\right] \\ \qquad \times \dfrac{P_o K_1 - \pi l_0 \left[\dfrac{2\pi^2 - 8\pi}{(4-\pi)^2} l_h h_i^2 + \dfrac{2}{3}\pi l_z h_z^2\right](r_{oi} - t_{i0} + \delta)^2}{K_1} \\ \varepsilon_{\theta io} = \dfrac{1}{E_o}\left(\dfrac{d_{oo}^2 + d_{oi}^2}{d_{oo}^2 - d_{oi}^2} + \mu_o\right)\left[\dfrac{\pi l_z l_z}{4} + \dfrac{2\pi^2 - 8\pi}{(4-\pi)^2} + \pi r_{ii}^2\right] \\ \qquad \times \dfrac{P_o K_1 - \pi l_0 \left[\dfrac{2\pi^2 - 8\pi}{(4-\pi)^2} l_h h_i^2 + \dfrac{2}{3}\pi l_z h_z^2\right](r_{oi} - t_{i0} + \delta)^2}{K_1} \end{cases}$$

(2-37)

式中 μ_o ——外管的泊松比；

E_o ——外管的弹性模量。

(2) 内外管成形后回弹阶段

当管材完成冲击液压胀形后，卸载液压力 P_i，即液压力为 0MPa，但是内外管由于已经紧密贴合且发生了较大塑性变形，内外管会发生回弹，即内外管之间存在残余接触压力 F'^*_{Ni}，内管在 F'^*_{Ni} 的作用下处于弹性结合状态，此时内管外壁

应力为

$$\begin{cases} \sigma_{\text{rio}}^* = -F'^{*}_{\text{Ni}} \\ \sigma_{\theta\text{io}}^* = -\dfrac{d_{\text{oo}}^2 + d_{\text{oi}}^2}{d_{\text{oo}}^2 - d_{\text{oi}}^2} F'^{*}_{\text{Ni}} \end{cases} \quad (2\text{-}38)$$

式中 σ_{rio}^* ——内管外壁的残余径向应力；

$\sigma_{\theta\text{io}}^*$ ——内管外壁的残余周向应力。

将式（2-29）代入式（2-38）得到

$$\begin{cases} \sigma_{\text{rio}}^* = -\dfrac{P_{\text{o}}K_1 - \pi l_0 \left[\dfrac{2\pi^2 - 8\pi}{(4-\pi)^2} l_h h_i^2 + \dfrac{2}{3}\pi l_z h_z^2\right](r_{\text{oi}} - t_{\text{i}0} + \delta)^2}{K_1} \\ \qquad \times \left[\dfrac{\pi l_z h_z}{4} + \dfrac{2\pi^2 - 8\pi}{(4-\pi)^2} + \pi r_{\text{ii}}^2\right] \\ \sigma_{\theta\text{io}}^* = -\dfrac{d_{\text{oo}}^2 + d_{\text{oi}}^2}{d_{\text{oo}}^2 - d_{\text{oi}}^2} \times \dfrac{P_{\text{o}}K_1 - \pi l_0 \left[\dfrac{2\pi^2 - 8\pi}{(4-\pi)^2} l_h h_i^2 + \dfrac{2}{3}\pi l_z h_z^2\right](r_{\text{oi}} - t_{\text{i}0} + \delta)^2}{K_1} \\ \qquad \times \left[\dfrac{\pi l_z h_z}{4} + \dfrac{2\pi^2 - 8\pi}{(4-\pi)^2} + \pi r_{\text{ii}}^2\right] \end{cases}$$

$$(2\text{-}39)$$

联立式（2-38）、式（2-33）和式（2-39）可得内管外壁应变状况为

$$\begin{cases} \varepsilon_{\text{rio}}^* = -\dfrac{1}{E_{\text{o}}}\left(1 + \mu_{\text{o}} \dfrac{d_{\text{oo}}^2 + d_{\text{oi}}^2}{d_{\text{oo}}^2 - d_{\text{oi}}^2}\right)\left[\dfrac{\pi l_z h_z}{4} + \dfrac{2\pi^2 - 8\pi}{(4-\pi)^2} + \pi r_{\text{ii}}^2\right] \\ \qquad \times \dfrac{P_{\text{o}}K_1 - \pi l_0 \left[\dfrac{2\pi^2 - 8\pi}{(4-\pi)^2} l_h h_i^2 + \dfrac{2}{3}\pi l_z h_z^2\right](r_{\text{oi}} - t_{\text{i}0} + \delta)^2}{K_1} \\ \varepsilon_{\theta\text{io}}^* = \dfrac{1}{E_{\text{o}}}\left(\mu_{\text{o}} - \dfrac{d_{\text{oo}}^2 + d_{\text{oi}}^2}{d_{\text{oo}}^2 - d_{\text{oi}}^2}\right)\left[\dfrac{\pi l_z h_z}{4} + \dfrac{2\pi^2 - 8\pi}{(4-\pi)^2} + \pi r_{\text{ii}}^2\right] \\ \qquad \times \dfrac{P_{\text{o}}K_1 - \pi l_0 \left[\dfrac{2\pi^2 - 8\pi}{(4-\pi)^2} l_h h_i^2 + \dfrac{2}{3}\pi l_z h_z^2\right](r_{\text{oi}} - t_{\text{i}0} + \delta)^2}{K_1} \end{cases}$$

$$(2\text{-}40)$$

式中 $\varepsilon_{\text{rio}}^*$ ——内管外壁的残余周向应变；

$\varepsilon_{\theta\text{io}}^*$ ——内管外壁的残余周向应变。

对外管内壁进行受力分析，卸载液压力之后，外管仅受到模具对外管产生的正

压力作用，外管会在残余接触压力 $F_{Ni}^{\prime *}$ 的作用下发生回弹，其应力状况为

$$\begin{cases} \sigma_{roi}^* = -F_{Ni}^{\prime *} \\ \sigma_{\theta oi}^* = \dfrac{d_{oo}^2 + d_{oi}^2}{d_{oo}^2 - d_{oi}^2} F_{Ni}^{\prime *} \end{cases} \quad (2\text{-}41)$$

式中 σ_{roi}^* ——外管内壁的残余径向应力；

$\sigma_{\theta oi}^*$ ——外管内壁的残余周向应力。

将式（2-29）代入式（2-41）得到

$$\begin{cases} \sigma_{rio}^* = -\dfrac{P_oK_1 - \pi l_0 \left[\dfrac{2\pi^2 - 8\pi}{(4-\pi)^2} l_h h_i^2 + \dfrac{2}{3}\pi l_z h_z^2\right](r_{oi} - t_{i0} + \delta)^2}{K_1} \\ \qquad \times \left[\dfrac{\pi l_z h_z}{4} + \dfrac{2\pi^2 - 8\pi}{(4-\pi)^2} + \pi r_{ii}^2\right] \\ \sigma_{\theta io}^* = \dfrac{d_{oo}^2 + d_{oi}^2}{d_{oo}^2 - d_{oi}^2} \times \dfrac{P_oK_1 - \pi l_0 \left[\dfrac{2\pi^2 - 8\pi}{(4-\pi)^2} l_h h_i^2 + \dfrac{2}{3}\pi l_z h_z^2\right](r_{oi} - t_{i0} + \delta)^2}{K_1} \\ \qquad \times \left[\dfrac{\pi l_z h_z}{4} + \dfrac{2\pi^2 - 8\pi}{(4-\pi)^2} + \pi r_{ii}^2\right] \end{cases}$$

$$(2\text{-}42)$$

联立式（2-33）、式（2-41）和式（2-42）得到外管内壁应变状况为

$$\begin{cases} \varepsilon_{rio}^* = \dfrac{1}{E_o}\left(1 + \mu_o \dfrac{d_{oo}^2 + d_{oi}^2}{d_{oo}^2 - d_{oi}^2}\right)\left[\dfrac{\pi l_z h_z}{4} + \dfrac{2\pi^2 - 8\pi}{(4-\pi)^2} + \pi r_{ii}^2\right] \\ \qquad \times \dfrac{P_oK_1 - \pi l_0 \left[\dfrac{2\pi^2 - 8\pi}{(4-\pi)^2} l_h h_i^2 + \dfrac{2}{3}\pi l_z h_z^2\right](r_{oi} - t_{i0} + \delta)^2}{K_1} \\ \varepsilon_{\theta io}^* = \dfrac{1}{E_o}\left(\mu_o + \dfrac{d_{oo}^2 + d_{oi}^2}{d_{oo}^2 - d_{oi}^2}\right)\left[\dfrac{\pi l_z h_z}{4} + \dfrac{2\pi^2 - 8\pi}{(4-\pi)^2} + \pi r_{ii}^2\right] \\ \qquad \times \dfrac{P_oK_1 - \pi l_0 \left[\dfrac{2\pi^2 - 8\pi}{(4-\pi)^2} l_h h_i^2 + \dfrac{2}{3}\pi l_z h_z^2\right](r_{oi} - t_{i0} + \delta)^2}{K_1} \end{cases}$$

$$(2\text{-}43)$$

2.6 小结

为了提高双金属薄壁管的成形效率、改善质量、降低成本，本章使用了金属双

层管冲击液压胀形法，基于该方法，可使金属双层管快速复合成形。为了研究分析该方法下金属双层管成形的液压力形成机理，本文首先通过理论分析及理论公式推导，全面探讨了金属双层管复合成形过程中所产生的最大液压力值与成形参数之间的数学关系；然后利用有限元 ANSYS Workbench 模拟分析不同成形参数对金属双层管的复合成形与液压力的影响，最后根据变化规律得出如下研究结论：

① 通过理论分析获得了不同间隙下的金属双层管预成形时所需液压力大小，并通过理论推导得出预成形下的金属双层管冲击液压力形成机理，其数学模型为

$$P_i = P_0 - \frac{K_1(2\pi^2 - 8\pi)}{\pi(4-\pi)^2(r_1+\delta)^2} v^2 T_i^2$$

② 通过理论推导得出无预成形下的金属双层管冲击液压力形成机理，其数学模型为

$$P_1 = P_0 - \frac{K_1(2\pi^2 - 8\pi)}{\pi(4-\pi)^2 r_1^2} v^2 (T-T_i)^2$$

③ 通过合模的数学模型总结出金属双层管复合成形所产生的最大液压力受模具型腔边长和内外管间隙的不同影响。

④ 不同型腔截面边长的模具冲击同一金属双层管时，所产生的液压力大小不同，模具型腔截面边长越小的模具对内管型腔内的液体体积改变量越大，管材内部自发产生的液压力越大，反之越小；此外，模拟导出的液压力与时间值与理论模型分析值对比发现，两者误差处于合理范围。

⑤ 型腔截面边长为 33mm 的模具冲击无间隙的金属双层管效果最好，大于 33mm 型腔截面边长的模具冲击该金属双层管时，所得复合管圆角较大，成形不充分；小于 33mm 型腔截面边长的模具冲击该金属双层管时，管材变形量过大，出现飞边不均匀现象。

⑥ 型腔截面边长为 33mm 的模具冲击同一金属双层管时，不同冲击速度对最大液压力值的影响较小；此外，冲击速度越大则合模时间越短，内管型腔内的液体体积变化量越快，液压力变化越快。

⑦ 型腔截面边长为 33mm 的模具冲击不同间隙的金属双层管时，自发产生的液压力与成形状况不一样，内外管间隙越大，冲击液压阶段的合模高度越小，内管型腔内的液体体积改变量越小，自发产生的液压力越小，成形不充分，圆角较大，外管在同一模具冲击状态下，其变形量基本相同，成形状况基本一致，通过模拟发现该型腔截面边长下的模具冲击无间隙的金属双层管成形效果最好；冲击 0.5mm 及更小间隙的金属双层管，所得复合管间的圆角分离不明显；冲击 0.75mm 间隙

的金属双层管，所得复合管的内外管圆角出现明显的分离现象，且随着内外管的间隙越大，冲击液压后所得复合管的内外管圆角出现分离现象越明显；此外，模拟导出的液压力与时间值和理论模型分析值对比发现，两者误差处于合理范围。

⑧ 通过对金属双层管不同成形阶段进行受力分析，构建了内外管之间的接触压力数学模型和卸载液压力之后内外管之间残余接触压力数学模型，并基于残余接触压力公式构建了各个阶段内外管壁的残余应力应变数学模型。

第 3 章
金属薄壁管冲击液压下塑性本构关系的构建

3.1 引言

塑性本构关系不仅影响着金属薄壁管成形件的质量和精度，更是对薄壁管塑性成形过程进行数值模拟的前提条件，因此探明准确的管坯塑性本构关系具有重要意义[134,135]。

要构建薄壁管塑性本构关系，必须获取胀形轮廓中的轴向曲率半径 ρ_φ 和周向曲率半径 ρ_z，Yang L F 等[48]基于薄壁管液压试验与理论解析相结合建立了流动应力方程，但该方法采用离线测量获取胀形数据，测量任务繁重、精度较低。为降低测量难度，Strano M 等[136]假设管材胀形区的轮廓形状为余弦函数，提出了基于最小能量法计算 ρ_φ 从而确定管材应力应变关系的方法；Zribi T 等[137]通过假设管材胀形轮廓形状为椭圆曲线，在管材胀形过程中测量胀形时的内压力、最大胀形高度及最高点的壁厚，并利用 Hill 正交各向异性理论确定管材的等效应力、等效应变。但是，截至目前，金属薄壁管本构关系均是在低应变率的液压胀形条件下构建的，难以适应冲击载荷作用下金属薄壁管的塑性变形。

为此，本章拟对真实的冲击液压载荷作用下金属薄壁管动态塑性本构关系展开研究。首先，分析金属管动态塑性本构关系的基本理论并进行模型的选择，然后对单个管件进行连续的冲击液压成形试验，并利用高速三维散斑应变测量系统对薄壁管变形数据进行在线实时采集，运用遗传算法求解本构关系参数，最后对薄壁管进行有限元模拟，验证此方法获取薄壁管本构关系的精度。

3.2 金属薄壁管动态塑性本构模型选择

本构关系是描述材料力学性质的数学关系。比如在固体力学中，材料的本构关系包含了硬化规律和屈服准则应力-应变关系[138]。如图 3-1 (a) 所示，当金属材料有外部载荷力施加在其表面时，会产生流变，当外部载荷力很小（应力低于材料的屈服点 A）时应力和应变之间的关系是线性关系，当外部载荷不起作用后，材料会恢复受载荷前的状态，这就是弹性变形阶段。图 3-1 (b) 中，在 OA 这一段，就是弹性形变的可逆阶段，它和应变历史也就是加载的过程没有关系，物体的瞬时形状以及尺寸只受瞬时的外部载荷影响，并不受以前的任意瞬间载荷影响，所以，应力和应变的关系是同一的单值关系。

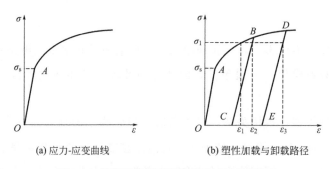

(a) 应力-应变曲线 (b) 塑性加载与卸载路径

图 3-1 外载荷作用下材料的应力-应变关系

当材料的外部载荷高于材料的屈服极限点 A 时，材料就会进入塑性变形阶段，这个时候的应力和应变从以 B 点为起点，平行于弹性加载路线 OA 段的直线 BC 段回去，按直线 CB 段变化上升，当载荷升高到 B 点以后，材料还会再次产生屈服，也就是屈服应力升高了，当载荷继续升高到 D 点之后再卸载，载荷变化的卸载路径就会按照直线 DE 返回，OE 就是载荷卸载后的残余应变。如果载荷为单向应力，材料的弹性形变应力和应变之间的关系符合胡克定律[139]，即

$$\sigma = E\varepsilon \tag{3-1}$$

式中，E 为弹性模量。

上述传统塑性力学本构关系理论均描述的是静态加载条件，但本书所研究的是冲击液压胀形，在成形的过程中，冲击速度较大，即应变速率对材料的力学响应与静态条件下有很大不同。

材料在高速冲击加载条件下，必须考虑应变速率对材料成形性能的影响。由于本课题的冲击液压胀形是在常温下完成的，本构关系表示为如下形式[139]：

$$\sigma = f(\varepsilon, \dot{\varepsilon}) \tag{3-2}$$

式中，ε 为应变；$\dot{\varepsilon}$ 为应变率。

研究高速率成形条件下的本构关系，必须考虑应变、应变率等对应力影响的动态本构模型[139]。目前，常用的三种本构模型如下。

(1) Zerilli-Armstrong 模型（Z-A 模型）

Z-A 模型是由 Zerilli 和 Armstrong 在 1987 年提出，基于微观结构观察的、以物理意义为基础的本构方程，其建立在热激活位错理论框架基础上，分析不同晶格结构金属中的温度和应变率的影响，并得出不同的材料，之间存在较大差异。

对于体心立方结构金属材料，本构模型为[138]：

$$\sigma = C_0 + C_1 \exp(-C_3 T + C_4 T \ln \dot{\varepsilon}) + C_5 (\varepsilon^p)^n \tag{3-3}$$

对于面心立方结构金属材料，本构模型为：

$$\sigma = C_0 + C_2 (\varepsilon^p)^{1/2} \exp(-C_3 T + C_4 T \ln \dot{\varepsilon}) \tag{3-4}$$

式中 σ——流动应力；

$\dot{\varepsilon}$——应变率；

ε^p——等效塑性应变；

T——绝对温度；

$C_0 \sim C_5$——本构方程参数。

(2) Johnson-Cook 模型（J-C 模型）

Johnson-Cook 模型（J-C 模型）是得到了广泛应用的模型之一[140]，它考虑了温度、应变率和应变等因素，形式简单，具有清晰的物理解释，同时参数较少，并较容易得到。J-C 模型适用于描述金属材料从低应变率到高应变率下的动态行为，甚至可以用于准静态变形的分析。

Johnson-Cook 模型具体表达式如下[141]：

$$\sigma = [A + B(\varepsilon_e)^n](1 + C \ln \dot{\varepsilon}^*)(1 - T^*) \tag{3-5}$$

式中 σ——Von Mises 流动应力，MPa；

ε_e——真实塑性应变；

$\dot{\varepsilon}^*$——无量纲应变率，$\dot{\varepsilon}^* = \dot{\varepsilon}/\dot{\varepsilon}_0$，其中：$\dot{\varepsilon}$ 为应变率，s^{-1}；$\dot{\varepsilon}_0$ 为参考应变率；

T^*——相对温度，无量纲化的温度项，$T^* = (T - T_r)/(T_m - T_r)$，$T$ 为试验温度；

T_r——室温，K，$T_r = 298K$；

T_m——试样熔点，K；

A——屈服应力，MPa；

B——强度系数；

n——硬化系数；

C——应变率敏感性系数，代表应变率效应。

（3）Fields-Backofen 模型（F-B 模型）

在综合考虑应变和应变速率对流变应力的影响时，材料在不同温度和应变速率条件下的单向拉伸曲线常用的 Fields-Backofen 方程表示，形式如下[138]：

$$\sigma = K\varepsilon^n \dot{\varepsilon}^m \tag{3-6}$$

式中　K——材料系数；

n——应变硬化系数；

m——应变速率敏感系数。

本书研究的是冲击载荷下管材的液压胀形，冲击过程带来的应变率效应可达到中应变率。因此，本书拟采用两种经典本构模型：J-C 模型以及 F-B 模型来作为拟建立的本构模型。

采用这两种本构模型原因：

① 应用广泛，具有代表性；

② 适应范围和本试验研究相符合，只需对该模型稍做修正即可；

③ 包含本试验各种参数，符合本试验所需本构模型要求。

3.3　金属薄壁管冲击液压胀形试验研究

3.3.1　液压胀形试验系统

根据管材液压冲击成形的特点，选择江苏杨利有限公司生产的 YL32-200TA 型四柱压力机（如图 3-2 所示）。主要的技术参数为：公称压力 2000kN，滑块行程 400mm，滑块最大下行速度为 40mm/s。

由于本试验的目的是获取管材胀形区的胀形轮廓数据，所以管材分为管材冲击区和管材胀形区，本试验采用的冲击液压成形装置包括胀形模具、管材胀形区、管材冲击区和充液螺栓四部分，如图 3-3 所示。如图 3-4 所示为管材冲击液压成形模具零件实物图，图 3-5 为冲击液压成形装置组成部分剖面图。

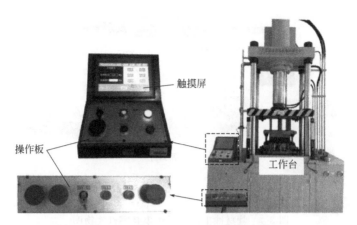

图 3-2　YL32-200TA 型四柱压力机

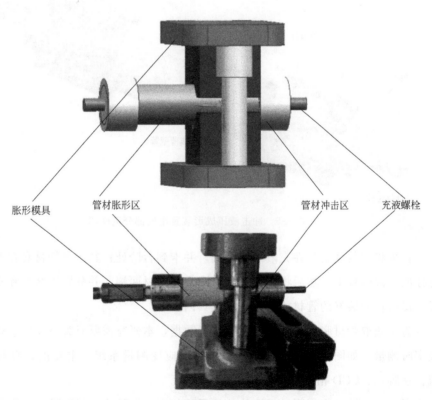

图 3-3　管材液压成形装置

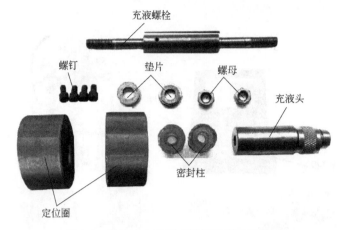

图 3-4 管材冲击液压成形模具零件实物图

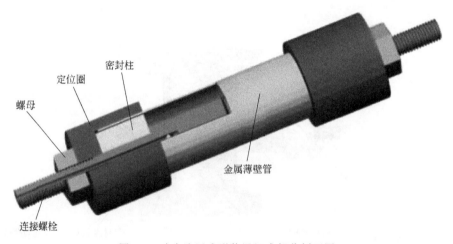

图 3-5 冲击液压成形装置组成部分剖面图

首先将密封柱安装在充液螺杆两端,并卡到台阶处;其次将管材套在安装有密封柱的充液螺杆上;然后将左、右定位圈套在管材两端,并分别用螺母和充液头锁紧;最后将安装好的管材放置于胀形模具内。

为了获取管材胀形过程中的动态变形数据,本研究需要对管材变形过程进行在线实时测量。如图 3-6 所示为高速三维散斑应变测量系统,主要由计算机、控制器、三脚架、CCD 相机、LED 灯等部分组成。

高速三维散斑应变测量系统的软件界面如图 3-7 所示。主要用于对所获取图像的后处理分析,其界面主要由工程导航区、信息区、3D 视图区、工具栏、工程属性区、相机数据输出等组成。

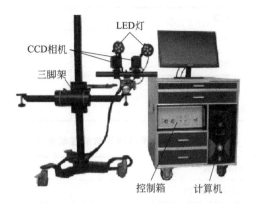

图 3-6 高速三维散斑应变测量系统

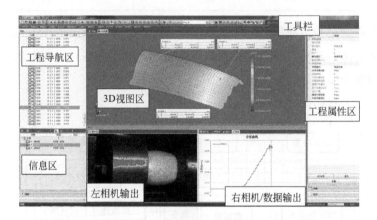

图 3-7 高速三维散斑应变测量系统软件界面

3.3.2 试验过程及数据处理

冲击液压胀形试验材料选用 SS304 不锈钢薄壁管，材料的主要成分如表 3-1 所示。

表 3-1 材料的主要成分

Fe	Cr	Ni	Mn	Si	C	P	S
71.88	19	7	1.7	1.3	0.08	0.036	0.004

管材试件用线切割机下料，其具体的尺寸参数如表 3-2 所示。SS304 不锈钢管材的性能参数，如表 3-3 所示。

表 3-2　试件的尺寸参数/mm

类型	数值
长度	180
外径	48
壁厚	0.7
胀形区长度	60

表 3-3　SS304 不锈钢管材的性能参数

材料参数	数值
抗拉强度 σ_b/MPa	610
屈服强度 σ_s/MPa	410
延伸率 d/%	26.63

为了获取管材冲击液压胀形状态下的本构方程，本试验采取压力机冲击模具使管材成形的方法，并对采集结果进行三维重建、曲线拟合等，以获取求解管材本构关系所需的各个参数。

具体试验过程如图 3-8 所示。

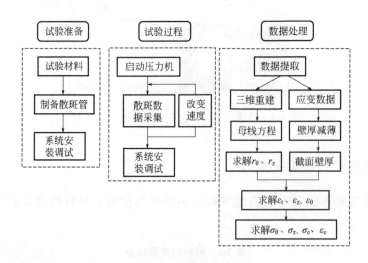

图 3-8　试验流程

步骤 1：试验前准备好试验管材，如图 3-9 所示。

步骤 2：将准备好的管材安装到如图 3-3 所示的管材成形模具中，然后将装置放置在 YL32-200TA 型四柱压力机的工作台上，并通过手动试压泵注入液体。

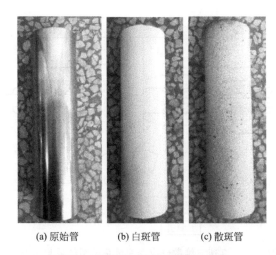

(a) 原始管　　(b) 白斑管　　(c) 散斑管

图 3-9　喷涂散斑特征前后的管材

步骤 3：调整散斑采集系统，主要是调整相机的位置，可以呈现清晰的图像，并对相机进行初始化标定。

步骤 4：同时启动四柱压力机和高速三维散斑应变测量系统的采集功能。保证管材成形装置的密封，四柱液压机的活动横梁下行冲击胀形模具，模具对管材进行冲击，并实时采集管材胀形区的图像，获取变形数据，直至合模结束，完成管材冲击液压成形试验，并实时记录液压泵显示的液压力数值。

步骤 5：采用高速三维散斑应变测量系统的系统软件对获取的变形图像进行处理，分析得出管材胀形区的相关变形数据。

改变压力机冲击速度，重复上述动作，进行不同冲击速度下的管材液压胀形试验。另外，同一试验条件下一般至少进行 3 次相同的试验，以避免操作不当等原因造成的试验误差。

3.3.3　试验数据获取方法

本研究采用高速三维散斑应变测量系统在线获取管材胀形过程中胀形区变形图像，如图 3-10 所示。

图像采集完成后，可以在计算机界面呈现相机所采集的所有时刻的图像，如图 3-11 所示。得到各状态下的测量数据，输出的内容主要包括所有状态三维坐标数据、位移数据、应变数据及图像信息等，其测量精度为 0.001mm。表 3-4 为管材在冲击速度为 40mm/s、内压力为 20MPa 时的部分三维坐标数据。图 3-12 为部分管材胀形试验效果图。

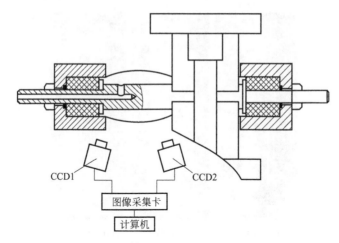

图 3-10 高速三维散斑应变测量系统图像采集示意图

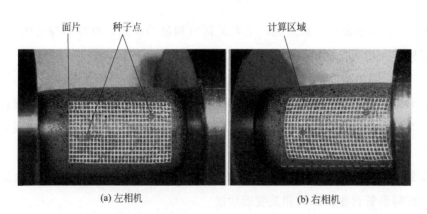

图 3-11 采集图像

表 3-4 管材部分变形坐标值

序号	304(20MPa)			序号	304(20MPa)		
	X	Y	Z		X	Y	Z
1	−7.515	4.064	−355.009	12	9.1704	4.788	−359.282
2	−6.003	4.169	−355.367	13	10.701	4.824	−359.697
3	−4.491	4.266	−355.690	14	12.238	4.859	−360.135
4	−2.979	4.355	−356.049	15	13.775	4.889	−360.546
5	−1.466	4.437	−356.439	16	15.322	4.92	−360.972
6	0.0488	4.510	−356.808	17	16.868	4.953	−361.411
7	1.5626	4.569	−357.205	18	18.426	4.983	−361.842
8	3.0792	4.625	−357.617	19	19.982	5.007	−362.273
9	4.5970	4.670	−358.015	20	21.547	5.033	−362.713
10	6.1189	4.717	−358.439	21	23.112	5.055	−363.17
11	7.6415	4.751	−358.865	22	24.684	5.072	−363.622

图 3-12　部分管材胀形试验效果图

3.3.4　等效应变和等效应力的确定

首先,将高速三维散斑应变测量系统中计算的空间三维坐标数据导出,并保存为 Excel 格式文件;然后,提取变形数据的三维坐标点,利用 CATIA 软件进行三维重建[142,143],图 3-13 为 CATIA 逆向建模流程,图 3-14 为导入的点云图,图 3-15 为 304 不锈钢管在某一内压下的三维重建实体效果图。

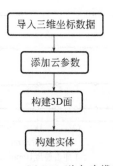

图 3-13　CATIA 逆向建模流程

图 3-14　CATIA 点云图

图 3-15　管材三维重建实体效果图

由于胀形轮廓为回转壳体，所以只需对四分之一部分进行分析处理，对各冲击速度下的胀形轮廓进行母线提取，即可得周向曲率半径 r_θ。调节液压机工进速度分别为 10mm/s、15mm/s、20mm/s、25mm/s 和 40mm/s，并依次进行冲击液压试验。图 3-16 分别为管材在不同冲击速度下的胀形轮廓母线。

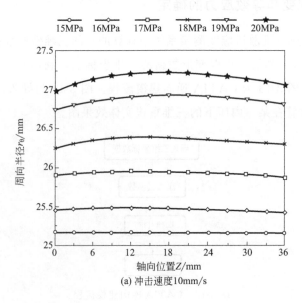

(a) 冲击速度10mm/s

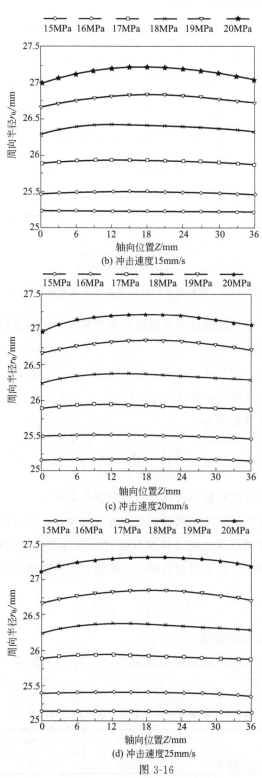

图 3-16

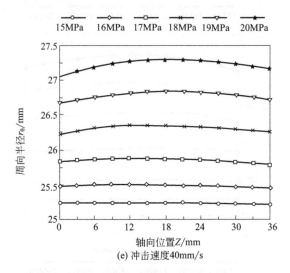

(e) 冲击速度40mm/s

图 3-16　管材在不同冲击速度下的胀形轮廓母线

最后，采用最小二乘法曲线对母线进行曲线拟合，可得各时刻管材轴向轮廓曲线函数为：

$$y=f(x)=a_0+a_1x+a_2x^2+\cdots+a_nx^n \tag{3-7}$$

式中，x 为轴向方向；y 为径向方向；a_0、a_1、a_2、$\cdots$、a_n 为常数项。

轴向曲率半径计算公式为：

$$r_z=\left|\frac{[1+(dy/dx)^2]^{\frac{3}{2}}}{d^2y/dx^2}\right| \tag{3-8}$$

由以上两式可得各时刻胀形最高处的轴向曲率半径 r_z。

另外，根据管材胀形区变形数据的获取方法可知，在管材液压成形试验中，采用高速三维散斑应变测量系统能直接获取管材胀形各个时刻的壁厚减薄率 $(\eta t)_i$，而不能直接获取管材胀形各个时刻的瞬时壁厚值 t_i。壁厚值计算公式为：

$$t_i=t_0\left(1-\frac{(\eta t)_t}{100}\right) \tag{3-9}$$

式中，t_0 为管材初始壁厚。

由式（3-7）～式（3-9）求解获取部分的 r_θ、r_z 和 t 如表 3-5 所示（以冲击速度 40mm/s 为例）。

表 3-5　金属薄壁管在不同内压作用下胀形参数

内压力/MPa	x/mm	r_θ/mm	r_z/mm	t/mm
18	2.725	17.426	3311.258	0.565

续表

内压力/MPa	x/mm	r_θ/mm	r_z/mm	t/mm
19	2.790	17.890	2711.644	0.548
20	12.008	18.827	804.2982	0.515
21	13.552	19.267	466.5485	0.501
22	13.373	19.938	346.0447	0.479

可得管材在不同冲击速度下一系列的等效应力、等效应变值，见表3-6。

表3-6 管材在不同冲击速度下的等效应力、应变值

冲击速度 5mm/s			冲击速度 10mm/s		
内压力/MPa	ε_e	σ_e/MPa	内压力/MPa	ε_e	σ_e/MPa
15	0.11732	701.601	15	0.11687	691.312
16	0.14199	718.401	16	0.13648	710.165
17	0.12185	715.612	17	0.14098	718.623
18	0.14872	735.472	18	0.15045	746.328
19	0.16150	757.824	19	0.16925	760.964
20	0.18053	787.703	20	0.18396	796.354
冲击速度 15mm/s			冲击速度 20mm/s		
内压力/MPa	ε_e	σ_e/MPa	内压力/MPa	ε_e	σ_e/MPa
15	0.11654	705.320	15	0.10687	689.354
16	0.13697	716.264	16	0.12156	710.587
17	0.14625	720.687	17	0.14199	718.401
18	0.15984	739.655	18	0.16792	758.789
19	0.16752	759.541	19	0.20654	798.755
20	0.18562	791.255	20	0.26455	895.558
冲击速度 25mm/s			冲击速度 40mm/s		
内压力/MPa	ε_e	σ_e/MPa	内压力/MPa	ε_e	σ_e/MPa
15	0.09344	584.901	15	0.12643	645.067
16	0.12643	645.067	16	0.16555	685.545
17	0.19133	742.901	17	0.20135	756.978
18	0.22085	809.358	18	0.23574	865.174
19	0.26655	902.181	19	0.27921	923.178
20	0.30899	976.449	20	0.31577	997.356

3.4 金属薄壁管动态塑性本构关系参数的确定

3.4.1 线性回归法确定本构关系参数

(1) 线性回归法确定 John-Cook 本构模型参数

室温条件下，J-C 模型中温度软化效应的项 $1-T^{*m}=(T-T_r)/(T_m-T_r)$ 值为 1，由于本书的冲击液压胀形试验是在室温下进行的，所以本书采用的 J-C 模型的表达式为：

$$\sigma=[A+B(\varepsilon_e)^n](1+C\ln\dot{\varepsilon}^*) \qquad (3-10)$$

① 参数 A、B、n 的求解。为了确定 Johnson-Cook 模型中 A、B、n 三个系数的值，忽略应变率强化效应的影响[144]，使上式右边后两项的值为 1，从而方程变为：

$$\sigma=A+B(\varepsilon_e)^n \qquad (3-11)$$

式 (3-11) 中 $A=\sigma_s$，即为材料的屈服强度。

选取表 3-7 管材在不同冲击速度下的等效应力应变数据来拟合 A、B、n 的值。A 取值 $\sigma_{0.2}$，为 410MPa。将强化段的数据转化为对数形式：

$$\ln(\sigma-A)=\ln B+n\ln\varepsilon \qquad (3-12)$$

可看作截距为 $\ln B$、斜率为 n 的直线，再将数据进行拟合，得到 $B=893$，$n=0.3865$。

表 3-7 等效应力应变数据

ε_e	σ_e/MPa	ε_e	σ_e/MPa	ε_e	σ_e/MPa
0.09344	584.901	0.12643	645.067	0.10687	689.354
0.12643	645.067	0.16555	685.545	0.12156	710.587
0.19133	742.901	0.20135	756.978	0.14199	718.401
0.22085	809.358	0.23574	865.174	0.16792	758.789
0.26655	902.181	0.27921	923.178	0.20654	798.755
0.30899	976.449	0.31577	997.356	0.26455	895.558

② 参数 C 的求解。为了确定应变率强化项系数 C，令 $\varepsilon_e=0$，式 (3-10) 变为式 (3-13)，将式 (3-13) 进一步转化为式 (3-14)，可以看出，C 是一条直线的斜率，利用冲击液压试验不同应变率下所得试验数据，经拟合，C 的值为 0.0038。

$$\sigma=A(1+C\ln\dot{\varepsilon}^*) \qquad (3-13)$$

$$\sigma/A = C\ln\frac{\dot{\varepsilon}_e}{\dot{\varepsilon}_0} + 1 \tag{3-14}$$

把求得的 A、B、n、C 值代入式（3-10）即可得出回归法确定的 J-C 本构关系式：

$$\sigma = [410 + 893\varepsilon_e^{0.3865}](1 + 0.0038\ln\dot{\varepsilon}^*) \tag{3-15}$$

图 3-17 给出了室温下应变率分别为 $1s^{-1}$、$10s^{-1}$、$100s^{-1}$ 时的应力-应变曲线，从图中可以看出：A、B、C 三点表示在等效应变为 0.2 时，由 x 轴向上作垂线，与各应力应变曲线的交点。三点分别对应的等效应力值大小关系为 $\sigma_A < \sigma_B < \sigma_C$，说明同一应变对应的应力大小随着应变率的提高而增大。

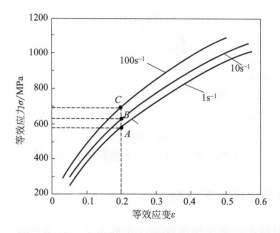

图 3-17　J-C 本构模型在不同应变速率下的应力应变曲线

(2) 线性回归法确定 Fields-Backofen 本构模型参数

由于本课题试验是在室温下进行的，不考虑温度软化效应，所以本文采用的 J-C 模型的表达式为：$\sigma = K\varepsilon^n\dot{\varepsilon}^m$。

对式（3-6）两边同取对数，变为式（3-16）。

$$\ln\sigma = \ln K + n\ln\varepsilon + m\ln\dot{\varepsilon} \tag{3-16}$$

① 参数 m 的求解。假设在温度和应变一定的条件下，$\ln K + n\ln\varepsilon$ 为常数，设为 k_1，则式（3-16）转化为 $\ln\sigma = m\ln\dot{\varepsilon} + k_1$，即 m 为 $\ln\sigma - \ln\dot{\varepsilon}$ 关系曲线的斜率。通过线性拟合，求解得到 $m = 0.0035$。

② 参数 K、n 的求解。将 m 代入式（3-16）中，变为 $\ln\sigma = \ln K + n\ln\varepsilon + M$，$n$ 为 $\ln\sigma - \ln\varepsilon$ 关系曲线的斜率，$\ln K + M$ 为截距，代入数据，求解得到 $n = 0.3679$，$K = 1325$。

把求得的 K、n、m 值代入式（3-6）即可以得出回归法确定的 F-B 本构关系式

$$\sigma = 1325\varepsilon^{0.3679}\dot{\varepsilon}^{0.0035} \tag{3-17}$$

图 3-18 给出了室温下，应变率分别为 1s^{-1}、10s^{-1}、100s^{-1} 时的应力-应变曲线，从图中可以看出：F-B 本构模型在不同应变速率下的应力应变曲线与 J-C 本构模型的曲线走势大致相同，但是 J-C 本构模型得出的强度系数和硬化指数明显高于 F-B 本构模型，说明 J-C 本构模型反映出的材料应变率敏感效应强于 F-B 本构模型。

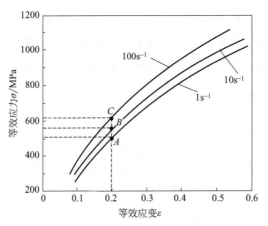

图 3-18　F-B 本构模型在不同应变速率下的应力应变曲线

3.4.2　遗传算法确定本构关系参数

遗传算法是一种根据达尔文生物进化论（优胜劣汰、适者生存）的原理演化而来随机寻优的搜索方法[145]。

(1) 遗传算法的实现过程

在遗传算法中，变量开始通过随机赋值，并通过变异，交叉步骤对变量进行更新，淘汰较差的解，从而迭代出最优解。因此如何有效地判断解的好坏是算法执行的关键。

J-C 模型和 F-B 模型表达式分别为 $\sigma = [A + B(\varepsilon_e)^n](1 + C\ln\dot{\varepsilon}^*)$ 和 $\sigma = K\varepsilon^n\dot{\varepsilon}^m$，一般可由试验结果计算出一系列的等效应力、等效应变。而在遗传算法中，试验得出的等效应力与变量所得应力的差越小，则表示参数的取值越合理。因此对于 J-C 模型评价函数为：

$$fitness = \sqrt{\frac{\sum_{i=1}^{num} g(x,y,z,i)^2}{num}} \tag{3-18}$$

$$g(x,y,z,i) = \sigma_i - x(\varepsilon_i)^y \exp\left(z\ln\frac{\varepsilon_i}{t_i}\right) \tag{3-19}$$

对于 F-B 模型的评价函数为：

$$fitness = \sqrt{\frac{\sum_{i=1}^{num} f(x,y,z,i)^2}{num}} \quad (3\text{-}20)$$

$$f(x,y,z,i) = \sigma_i - x(\varepsilon_i)^y \left(\frac{\varepsilon_i}{t_i}\right)^c \quad (3\text{-}21)$$

式中　σ_i——第 i 组实验中的等效应力；

　　　ε_i——第 i 组实验中的等效应变；

　　　t_i——第 i 组试验中的冲击时间。

① 遗传算法流程如图 3-19 所示[145]。

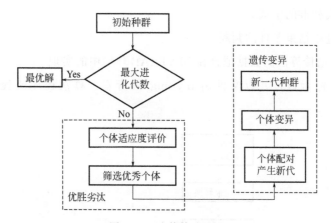

图 3-19　遗传算法流程

本文采用遗传算法对 J-C 模型参数（B，n，C）和 F-B（K，n，m）进行优化，遗传算法中染色体编码方法为 $W=[B\ C\ n]$ 和 $W=[K\ n\ m]$，其中，B，n，C，K，m 都是 20 位二进制编码，则 W 的二进制编码长度为 100。

② 随机生成 P 条染色体组成初始种群，设置进行过程终止条件。

③ 初始种群中各染色体适应度计算。本试验是对 24 种应变速率下的试验数据进行拟合，拟合曲线的总均方误差计算公式为：

$$\Delta\sigma = \sum_{i=1}^{6} \sqrt{\frac{\sum_{j=1}^{N_i}(\sigma_{i,j}-\sigma'_{i,j})^2}{N_i}} \quad (3\text{-}22)$$

式中　N_i——第 i 组数据的点数；

　　　$\sigma_{i,j}$——第 i 条实验曲线中第 j 点数据值；

　　　$\sigma'_{i,j}$——对应于第 i 组试验曲线的拟合方程中第 j 点拟合数据值。

④ 对种群中的染色体进行交叉操作。种群以概率 20% 进行交叉操作。

⑤ 对种群中各染色体进行变异操作。设定第一代染色体的初始位变异率为 50%，随着适应度的增大，变异率相应减小。位变异率 p_{mut} 的计算公式如下：

$$p_{\text{mut}} = \frac{\Delta\sigma_{\min}(i)}{\Delta\sigma_{\min}(1)} \times 0.5 \times 100\% \tag{3-23}$$

式中 p_{mut} ——变异率，起始最大变异率为 0.5；

$\Delta\sigma_{\min}(i)$ ——第 i 代染色体的最大适应度；

$\Delta\sigma_{\min}(1)$ ——第一代染色体的最大适应度。

⑥ 子种群中染色体的适应度计算。在完成种群进化操作后，得到了规模相同的子种群，根据式（3-22）来计算子种群中每条染色体的适应度。

⑦ 新一代种群的生成。

⑧ 进化过程结束条件的判断。

(2) 基于遗传算法的数据拟合在 MATLAB 环境中的实现

先编写目标函数，并以文件名 myfung.m 存盘。算法程序流程图如图 3-20 所示。

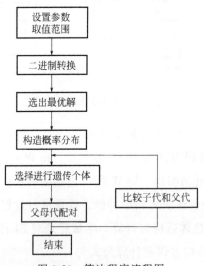

图 3-20　算法程序流程图

运行遗传算法得到：$A=442$，$B=975$，$n=0.4125$，$C=0.0035$，$K=1510.9$，$n=0.3744$，$m=0.0043$，Johnson-cook 模型表达式为 $\sigma=[442+975\varepsilon_e^{0.4125}](1+0.0043\ln\dot{\varepsilon}^*)$；Fields-Backofen 模型表达式为 $\sigma_e=1593\varepsilon_e^{0.4}\dot{\varepsilon}^{0.0039}$。

图 3-21 为两种本构模型在 MATLAB 中得出的图像，由于本构模型是等效应力关于等效应变和等效应变率的函数，所以软件绘制出的函数图像成三维面体。

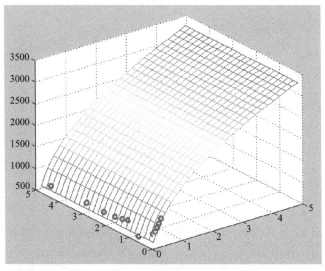

(a) J-C模型图像

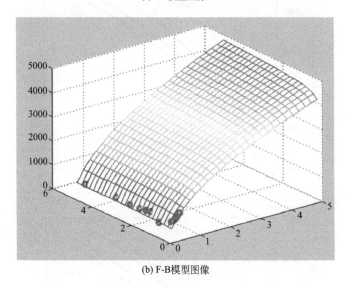

(b) F-B模型图像

图 3-21　两种本构模型在 MATLAB 中得出的图像

图 3-22 为在确定某一应变率下 MATLAB 绘制的等效应力应变曲线。

图 3-23 给出了室温下应变率分别为 $1s^{-1}$、$10s^{-1}$、$100s^{-1}$ 下的应力-应变关系曲线，从图中可以看出：遗传算法的计算结果与一般线性回归法的计算结果趋势大致相同，但是遗传算法得出的强度系数和硬化指数明显高于线性回归法的计算结果，说明利用遗传算法求解动态塑性本构方程系数更能反映出材料的应变率敏感效应。

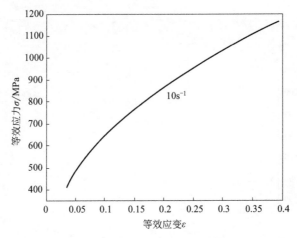

图 3-22 应变率 $10s^{-1}$ 下 MATLAB 绘制的等效应力应变曲线

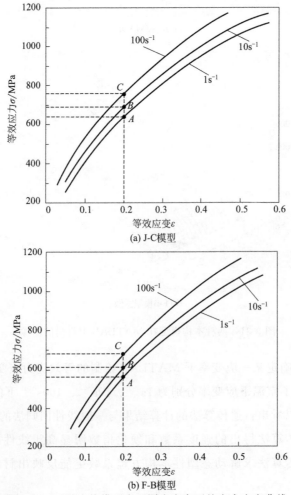

图 3-23 两种本构模型在不同应变率下的应力应变曲线

3.5 金属薄壁管动态塑性本构关系的有限元模拟验证

3.5.1 基于 ANSYS Workbench 的数值模拟分析

(1) ANSYS Workbench 有限元分析流程

ANSYS Workbench 仿真应用平台是 ANSYS 公司所开发的、融合了 ANSYS 系列产品功能、可实现各数据间无缝传递和共享的高级仿真工具。因其具有操作简单、网格划分功能稳健、自动识别能力强、适应面广等优点，现已在机械、汽车、建筑等诸多领域得到广泛应用[146]。

采用 ANSYS Workbench 软件进行有限元分析流程如图 3-24 所示。

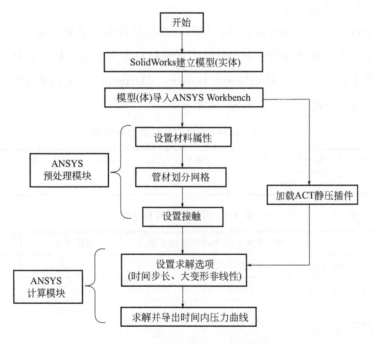

图 3-24 ANSYS 有限元分析步骤流程

(2) ANSYS Workbench 建模

将设计的三维模型文件转换为 IGS 格式，再导入 Workbench。模型为上模、下模、管材和堵头。本书探讨的管材液压冲击成形系统的几何参数：圆形管材长度为 180mm，直径为 48mm，壁厚为 0.7mm，两段密封，冲击模具长度为 60mm，预留成形区长度为 60mm。图 3-25 为管材液压冲击成形仿真模型。

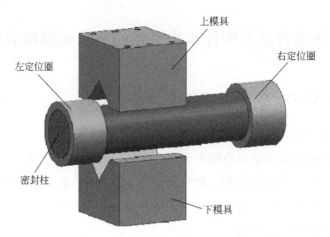

图 3-25 管材液压冲击成形仿真模型

(3) 材料属性的设置

在 ANSYS Workbench 软件中,材料参数的设置至关重要。在 ANSYS 中设置材料属性要注意,在 ANSYS 中自带的不锈钢材料大多是线性的,管材在大变形中属于非线性变化,要选择 Multilinear Isotropic Hardening,采用非线性材料。管材几何尺寸和力学性能如表 3-8 和表 3-9 所示。

表 3-8 SS304 管材的几何及力学性能

外径 d_0/mm	管材长度 L_0/mm	胀形长度 l_1/mm	厚度 s/mm	抗拉强度 σ_b/MPa
48	180	60	0.7	654

表 3-9 两种本构方程参数

		屈服强度 σ_s/MPa	强度系数 B	硬化指数 n	应变敏感系数 C
J-C 本构方程	回归法	410	893	0.3865	0.0038
	遗传算法	442	975	0.4125	0.0043
			强度系数 K	硬化指数 n	应变敏感系数 m
F-B 本构方程	回归法	—	1325	0.3679	0.0035
	遗传算法		1593	0.4	0.0039

上下模和堵头设为刚体,管材为变形体,管材内部设置静压(没有入口速度,没有出口压力)。上下模和堵头在 Engineering data 中只需设置弹性模量、泊松比和密度。管材为 304 不锈钢,非线性材料,密度为 7830kg/m³,泊松比为 0.3,弹性模量为 207GPa,其本构方程分别输入 J-C 本构方程和 F-B 本构方程。管材设置材料属性如图 3-26 所示。

Properties of Outline Row 3: 123

	A	B	C	D	E
1	Property	Value	Unit		
2	Density	7830	kg m^-3		
3	Isotropic Elasticity				
4	Derive from	Young's Modu...			
5	Young's Modulus	2.07E+11	Pa		
6	Poisson's Ratio	0.3			
7	Bulk Modulus	1.725E+11	Pa		
8	Shear Modulus	7.9615E+10	Pa		
9	Multilinear Isotropic Hardening	Tabular			

图 3-26　管材材料属性设置

（4）网格划分

网格的疏密程度对计算结果的精度非常重要，网格划分过密会导致计算时间无限延长，划分过疏则计算结果不准确。数值模拟过程中，只需对变形体金属薄壁管进行网格划分。网格结构主要有三角形、四边形、四面体、五面体和六面体等，三角形、四边形适用于 2D 模型，四面体、五面体和六面体适用于 3D 模型。对于规则 3D 模型，相同体积下六面体网格可以减少单元数量，加快求解收敛，提高分析精度，减少数值错误，因此本文采用六面体划分网格。网格的大小直接影响计算的精度和效率，由于本书模拟的主要目的是分析结构变形引起的管内静力变化，为了在不影响精度的前提下提高计算时间，选用了 8mm 网格大小。金属薄壁管的网格划分如图 3-27 所示。

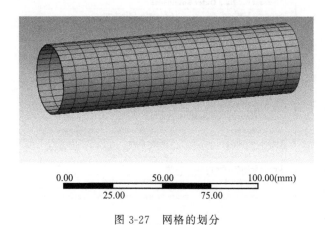

图 3-27　网格的划分

（5）连接设置

在模拟成形过程中，各部件通过 Joint 实现运动，要注意局部坐标系坐标轴的设置，保证构件的运动与未约束的自由度相符。ANSYS 15.0 能根据选择的部件自动生成局部坐标系。上、下模连接方式为 Body to ground（general）连接，如图 3-28 所示。设置管材与上、下模接触，选择模具与管材为 Frictional 连接。

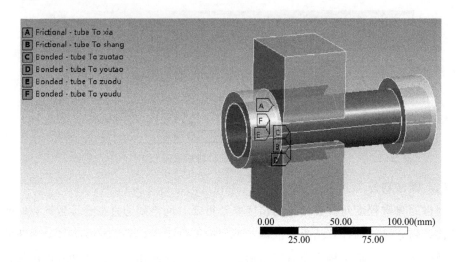

图 3-28 连接的设置

(6) ACT 静水压力插件设置

图 3-29 为管材加载静水压力图,深色区域为液体区域。设置液体属性时,选择 46# 液压油,密度为 870kg/m³,温度为 22℃,体积模量为 700MPa,管材内加载的初始压力为 0.5MPa。

图 3-29 管材加载静压图

(7) 后处理运算求解

设置步长时要用 Substeps 代替 Time，得到了管材整体变形、应力云图和管材内部液压力图（见图 3-30）。图 3-30（a）为管材整体变形图，从图中可知管材已经被压成方形截面，与模具截面形状吻合，管材形状没有发生回弹，管材已经发生屈服，结合图 3-30（b）来看，管材最大应力达到了 850MPa，超过了 304 号钢的屈服极限 410MPa，但是又小于 304 号钢的强度极限，管材发生了塑性变形。由图 3-30（c）可知管材在受到外力作用时，管材内部体积会减小，内部液体被压缩，内部压力增高，内部压力增加是非线性的，当模具闭合，内部压力达到最大值。

(8) ANSYS Workbench 有限元模拟结果

不同冲击速度作用下，分别输入两种本构模型参数，获得金属薄壁管坯内压力与时间的关系如图 3-31 所示。

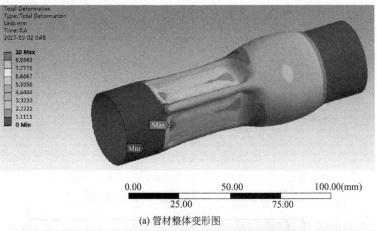

(a) 管材整体变形图

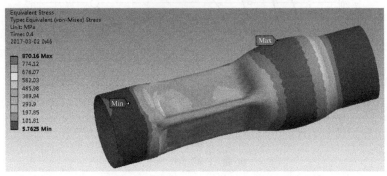

(b) 管材的应力云图

图 3-30

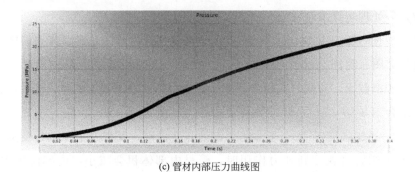

(c) 管材内部压力曲线图

图 3-30　模拟得到的整体变形云图和管材内部压力曲线图

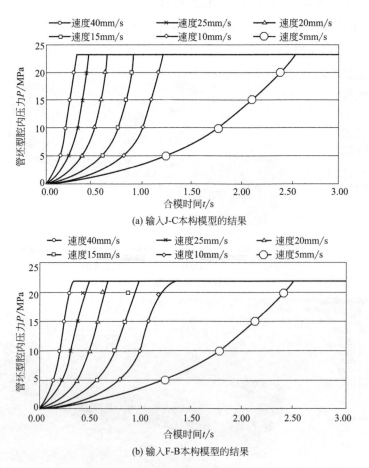

(a) 输入 J-C 本构模型的结果

(b) 输入 F-B 本构模型的结果

图 3-31　不同合模速度对管材内压影响

从图中不难发现：

① 分别输入两种本构模型参数得到的结果大致相同，J-C 本构模型得到的内压力略高于 F-B 本构模型的结果。

② 随着合模速度的增大，合模时间和最大内压力出现时间越短，内压力与时间曲线斜率越大；不同合模速度下获取的管坯型腔最大内压力相等。

主要原因是随着合模速度的不断增大，单位时间内模具型腔体积压缩量随之增大，从而导致内压力变化斜率更大；同时，由于本模拟中采用相同模具边长，不管合模的速度如何变化，管坯型腔体积整体改变量不变，因此出现了各种合模速度下管坯型腔最大内压力相等的情况。

3.5.2 基于 DYNAFORM 的数值模拟分析

（1）DYNAFORM 分析流程

DYNAFORM 是美国 ETA 公司研发的大型动态显式有限元模拟软件。功能包括：制定任务名和分析标题、创建几何造型、定义材料特性、定义模具和毛坯的材料特性、定义单元类型和边界条件的设定等。DYNAFORM 能够求解各类板材和管材的成形问题。DYNAFORM 软件有限元分析流程如图 3-32 所示。

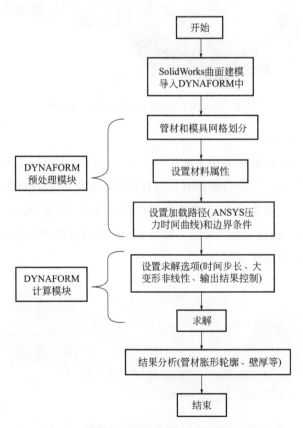

图 3-32　DYNAFORM 软件有限元分析流程

(2) 建立几何模型

将绘制好的模型转化为 IGS 格式保存并导入到 DYNAFORM 中。导入完成后,在 DYNAFORM 中再对模型按照在成形过程中的功能进行重新定义。在两种软件的导入过程中一定要统一单位设置:mm(毫米),t(吨),s(秒)和 N(牛顿)。管材原始长度为 180mm,外径 48mm,壁厚 0.7mm。在管端有 30mm 的堵头,管外各有 29.5mm 的保护圈,成形区是管材中部轴向的 60mm,在成形区的外部有上下两个 V 形模具,内表面成 90°夹角,上下两动模的轴向长度为 60mm,当两动模闭合时,上下两动模的横向截面是一个边长为 31mm 的正方形,如图 3-33 所示。

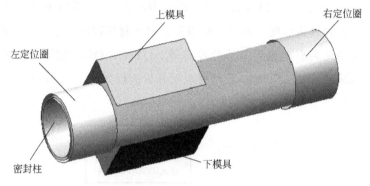

图 3-33　导入到 DYNAFORM 中的三维模型图

(3) 划分网格单元

在管材液压冲击成形中采用平面四点壳单元,较为常用的是 Belytschko(BT)单元作为有限元分析。在划分网格时,模具设为不发生变形的刚体,管材作为变形体,需对模型分类。堵头和上下模具是刚性体,选择 Tool Mesh,Max Size 定为 5;管材为变形体,选择 Part Mesh,Max Size 定为 1。如图 3-34 所示为变形体的设置和划分好网格的模型。

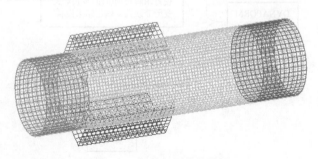

图 3-34　划分好网格的模型

(4) 管材的材料参数设置

在管材液压冲击成形过程中，上下模具和堵头作为刚体不用设置材料属性，管材作为变形体需要输入材料属性，包括设置材料的弹性模量、泊松比、材料的应变硬化指数（n）和强度系数（K）。所选管材，从 DYNAFORM 材料库中选择管材材料为 SS304 不锈钢，材料参数设置如图 3-35 所示，通过"Load curve"功能将管材的塑性硬化关系曲线直接导入到有限元软件中，如图 3-36 所示。

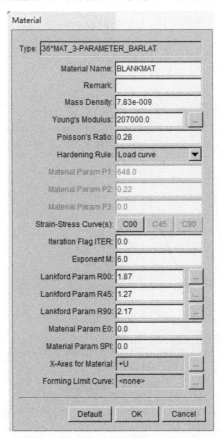

图 3-35　DYNAFORM 的材料参数设置

(5) 管材冲击液压成形的边界条件设置

在管材液压冲击成形过程中，管材内部液压力是随着管材的变形而产生的，在模拟边界条件时，首先要在 ANSYS 中获得的是时间与压力的关系，然后将 ANSYS 中获得的时间-压力曲线数据导入到 DYNAFORM 中求解。在 ANSYS 中获得了不同速度条件下的时间压力曲线即 DYNAFORM 的加载路径，如图 3-37 所示，动模的行程设置如图 3-38 所示。

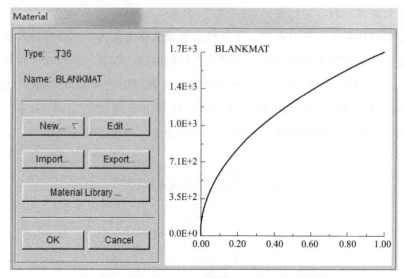

图 3-36　导入的 SS304 的塑性应力应变关系曲线

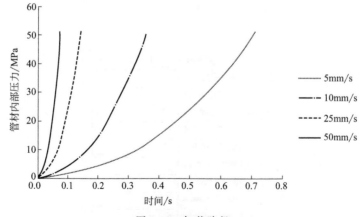

图 3-37　加载路径

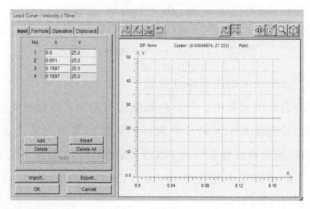

图 3-38　动模运动方式

(6) 有限元求解

在进行有限元求解分析时,要设置适当载荷子步的时间步长。当应力过度集中或者出现载荷变化较大时,设置适当的时间步长很重要。同时还要设置输出选项,确定合理的结果文件精度,便于进行精确分析。

(7) 仿真结果

不同冲击速度作用下,分别输入两种本构模型参数,获得的金属薄壁管的胀形轮廓、最大胀形高度的仿真结果如图 3-39 所示,以冲击速度为 20mm/s,一般线性回归法求得本构模型 F-B 为例。

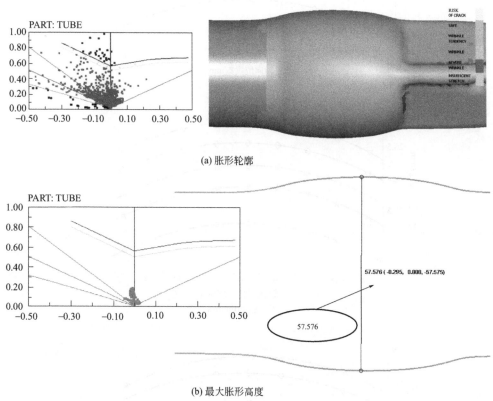

图 3-39 两种本构模型的仿真结果

3.5.3 模拟结果与试验结果的对比分析

将 DYNAFORM 有限元模拟获得的各组管材胀形轮廓分别与试验结果进行比较,以验证本研究确定的冲击液压成形条件下管材的塑性动态本构关系的精度。

(1) 管材胀形区胀形轮廓模拟结果与试验结果对比

图 3-40 为各速度下管材胀形轮廓曲线对比图。

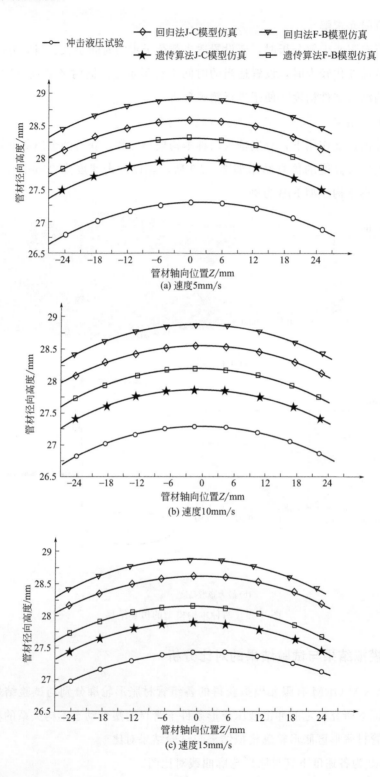

图 (a) 速度5mm/s
图 (b) 速度10mm/s
图 (c) 速度15mm/s

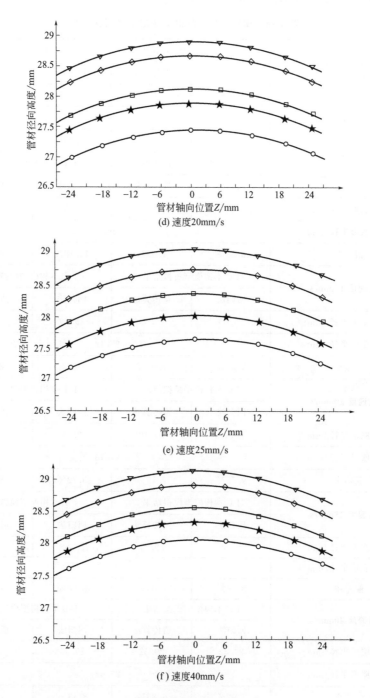

图 3-40 各速度下管材胀形轮廓曲线对比图

(2) 最大胀形半径的模拟和试验结果对比（见表 3-10）

表 3-10 模拟和试验的最大胀形半径对比结果

冲击速度 5mm/s	J-C 本构模型模拟结果		F-B 本构模型模拟结果	
	回归法	遗传算法	回归法	遗传算法
模拟胀形半径/mm	29.6	28.90	29.85	29.34
实际胀形半径/mm	26.83			
偏差率	10.32%	7.71%	11.25%	9.36%
冲击速度 10mm/s	J-C 本构模型模拟结果		F-B 本构模型模拟结果	
	回归法	遗传算法	回归法	遗传算法
模拟胀形半径/mm	29.21	28.90	29.64	29.15
实际胀形半径/mm	26.9			
偏差率	8.58%	7.65%	10.18%	8.36%
冲击速度 15mm/s	J-C 本构模型模拟结果		F-B 本构模型模拟结果	
	回归法	遗传算法	回归法	遗传算法
模拟胀形半径/mm	29.63	29.03	29.79	29.36
实际胀形半径/mm	27.12			
偏差率	9.25%	7.04%	9.84%	8.26%
冲击速度 20mm/s	J-C 本构模型模拟结果		F-B 本构模型模拟结果	
	回归法	遗传算法	回归法	遗传算法
模拟胀形半径/mm	29.75	29.10	29.8	29.4
实际胀形半径/mm	27.16			
偏差率	9.53%	7.15%	9.72%	8.25%
冲击速度 25mm/s	J-C 本构模型模拟结果		F-B 本构模型模拟结果	
	回归法	遗传算法	回归法	遗传算法
模拟胀形半径/mm	29.50	29.17	29.69	29.30
实际胀形半径/mm	27.25			
偏差率	8.25%	7.05%	8.96%	7.53%
冲击速度 40mm/s	J-C 本构模型模拟结果		F-B 本构模型模拟结果	
	回归法	遗传算法	回归法	遗传算法
模拟胀形半径/mm	29.82	29.52	29.95	29.6
实际胀形半径/mm	27.63			
偏差率	7.93%	6.85%	8.43%	7.13%
平均偏差率	8.97%	7.24%	9.73%	8.14%

注：偏差率=|实际值−模拟值|/实际值×100%。

从模拟结果的胀形轮廓形状与试验结果对比，可以定性地得出：

① 三种情况下的胀形轮廓形状大致相同，其中 J-C 本构模型的仿真结果更接近于试验结果。

② 不同冲击速度下，仿真结果的精度不同，速度越大，仿真结果与试验结果越接近。这一现象出现的原因一方面是由于仿真条件的设置均为理想状态，不管合模的速度如何变化，管坯型腔体积整体改变量不变，管坯型腔最大内压力也不变，因此仿真的胀形结果无变化；另一方面是由于在试验过程中，液体受到冲击产生瞬间的冲击作用力，可使管材胀形更加充分，管材的塑性也可以在一定范围内随之改善，所以试验结果更加接近仿真结果。

从模拟结果的最大胀形高度与试验结果对比，可以定量地得知：遗传算法求得的 J-C 本构模型平均误差为 7.24%，求得的 F-B 本构模型平均误差为 8.14%；回归法求得的 J-C 本构模型平均误差为 8.97%，求得的 F-B 本构模型平均误差为 9.73%。由此可见，遗传算法在构建复杂目标函数参数时，精度更高；J-C 本构模型仿真结果的误差更小，说明 J-C 本构模型更适合描述管材冲击液压胀形时的塑性硬化关系。仿真结果与试验结果的误差来源主要是试验过程中不能把管材内的气体全部排出，冲击的液体内含有气体，而气体的压缩系数大于液体，所以试验结果的胀形轮廓偏小。

3.6 小结

本章对冲击载荷下金属薄壁管液压成形时的动态塑性本构关系进行了研究。首先，分析了本构关系的基础理论和材料的应变速率响应，并基于管材冲击液压成形的受力条件、塑形增量理论等，选定了管材冲击液压成形的动态塑性本构模型；然后，对 SS304 不锈钢管材进行冲击液压成形试验，冲击速度分别为 5mm/s、10mm/s、15mm/s、20mm/s、25mm/s、40mm/s，实时在线测量确定出管材胀形各个时刻的变形数据；其次，根据上述试验变形数据，分别利用一般线型回归法和遗传算法，确定管材冲击液压载荷作用下管材的动态塑性本构关系参数；最后根据冲击液压胀形的成形特点，结合当前管材液压胀形数值模拟的主流技术，提出了金属薄壁管冲击液压胀形瞬态动力学数值模拟（ANSYS Workbench）和成形过程数值模拟（DYNAFORM）相结合的模拟方法。通过 ANSYS Workbench 的模拟，揭示金属薄壁管冲击液压胀形内压力产生的机理及影响因素，并将模拟所得的最大内压力与理论结果进行比较和修订。利用 ANSYS Workbench 获取的管坯型腔内压力，进行不同合模速度下 DYNAFORM 成形模拟研究，并得出如下结论：

① 提出了金属薄壁管冲击液压胀形新方法。在液压胀形和冲压成形的基础上，提出了一种新的复合成形方法——管材冲击液压胀形技术。冲击液压胀形技术无需贵重的专用设备和模具，也不需要复杂的外部供液和控制系统，只需在普通压力机上即可实现复杂截面形状管材的成形，该方法具有生产成本低、成形效率高等优点，是一项极具发展潜力的先进、实用的成形技术。

② 通过对现有金属薄壁管本构关系构建方法的研究与分析，结合液压胀形的成形特点，提出了基于数字散斑相关法在线、全场、非接触式的新型塑性本构关系，同时为实现对单根管坯进行在线、全场、非接触式数据采集设计了一套操作便捷、结构简单的试验装置。

③ 开展了金属薄壁管冲击液压胀形数值模拟的研究。根据冲击液压胀形的成形特点，结合当前管材液压胀形数值模拟的主流技术，提出了金属薄壁管冲击液压胀形瞬态动力学数值模拟（ANSYS Workbench）和成形过程数值模拟（DYNAFORM）相结合的模拟方法。

④ 根据模拟结果的最大胀形高度与试验的结果对比，可以定量地得出 J-C 本构模型最大误差范围在 7.43% 以内，F-B 本构模型最大误差范围在 8.65% 以内，表明 J-C 本构模型具有较高的精度，能更准确地预测管材的塑性变形行为。

⑤ 根据验证结果，线性回归法确定的本构模型误差均大于遗传算法确定的本构模型的误差，表明遗传算法具有稳定且快速收敛的优点，能够在变量空间中找出包含最优解和极值的单峰值区域并搜索最优解，在拟合复杂目标函数时具有明显优势。

⑥ 随着冲击速度的提高，仿真结果的误差逐渐减小，表明本章确定的动态塑性本构关系适应于冲击速度较大的管材液压成形。

第 4 章
金属双层管冲击液压成形规律研究

4.1 引言

冲击液压胀形过程中，管材成形规律随着加载路径的变化而变化。本章基于冲击液压载荷作用下管材的成形特点，详细介绍了基于 DYNAFORM 金属双层管冲击液压成形的数值模拟过程，并重点分析了不同载荷参数作用下复合管材的成形规律与特性。

4.2 合模区成形规律的研究

4.2.1 胀形高度

(1) 不同合模速度与模具型腔对管材胀形高度的影响

胀形高度作为表征管材成形性能的重要指标，与模具型腔、合模速度与内压力等工艺参数有着密切的联系。在对不同合模速度与模具型腔下管材冲击液压胀形进行数值模拟分析后，得到金属双层管胀形高度如图 4-1 所示，其中，H_1、H_2、表示不同对边的胀形高度。

从图 4-1 中不难发现：

① 由于模具截面为等边长矩形，具有较好的对称性，因此管材胀形高度 H_1 与 H_2 具有较好的一致性。

② 在相同模具型腔，不同合模速度下成形的管材胀形高度具有较好的一致性，表明相同模具型腔下，合模速度对管材胀形高度没有显著影响。

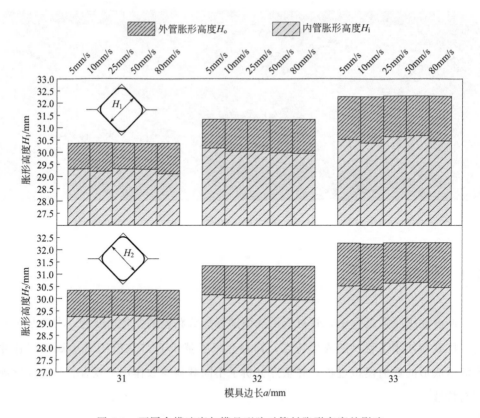

图 4-1 不同合模速度与模具型腔对管材胀形高度的影响

③ 内外管间距与模具型腔大小成正比。管材在不同模具型腔作用下发生了不同程度的变形，在合模力与内外管初始间隙相同的前提下，模具型腔越小，管内压力越大，促使管材充分胀形，故内外管间隙更小。图 4-1 中，$a=31$mm 时，内外管胀形高度差 ΔH_1 均值为 1.1128mm，ΔH_2 均值为 1.0972mm；$a=33$mm 时，ΔH_1 均值为 1.2994mm，ΔH_2 均值为 1.3028mm；$a=33$mm 时，ΔH_1 均值为 1.7524mm，ΔH_2 均值为 1.7426mm。

(2) 预成形和保压条件对管材胀形高度的影响

由于胀形前内外管间存在一定的初始间隙，管内液压力升高与合模动作的开始存在一定的时间差，故设置预成形条件，即在合模开始前，在管材内部施加一定的初始压力，使内管发生自由胀形并贴合外管，探究预成形条件对管材成形的影响规律。在合模结束后，设置保压条件作为对照，即保持模具在完全闭合时的位置 1s 后撤去合模力，以探究其对管材成形质量的影响规律。

将有预成形条件和保压条件下成形的管材胀形高度与常规条件相比较，以相同合模速度（$v=25$mm/s）为例，结果如图 4-2 所示。可以发现：

① 管材胀形高度 H_1 和 H_2 同样具有较好的一致性。

② 有保压条件与常规条件下成形的管材胀形高度没有较大差异，说明保压条件对管材胀形高度没有显著影响。

③ 有预成形条件下管材胀形高度较常规条件略高。其中，内管胀形高度显著增加，外管胀形高度小幅增加。可以看出，预成形条件下管内较大的液体压力使内管胀形更加充分，而外管在模具包裹下具有相对稳定的胀形高度，致使内外管间距减小，贴合效果更好。

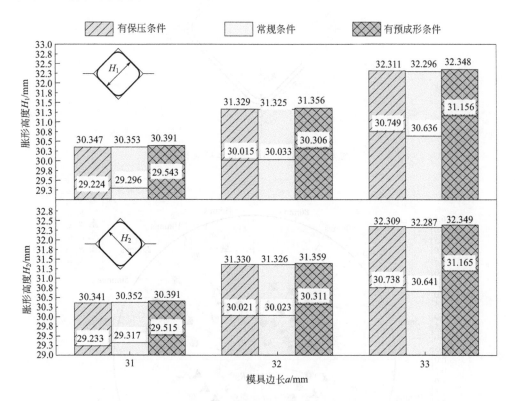

图 4-2　有无预成形和保压条件对管材胀形高度的影响

4.2.2　圆角半径

（1）不同合模速度与模具型腔对管材圆角半径的影响

管材圆角半径作为评价管材液压胀形成形质量的重要指标，与不同工艺参数有着密切的联系。为探究冲击液压环境中金属双层管的圆角填充情况，现针对不同载荷条件下成形的管材圆角半径进行讨论。金属双层管的圆角半径示意图如图 4-3 所示，符号中的"o"表示外管，"i"表示内管。不同合模速度与模具型腔对管材圆角半径的影响如图 4-4 所示，符号中的"31""32"和"33"分别表示在边长为 31mm、32mm 和 33mm 的模具下成形的情况。不同位置管材圆角半径对比如表 4-1 所示，其中"Δ"表示不同位置圆角半径在不同合模速度下的均值之差。

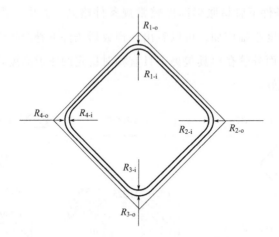

图 4-3 金属双层管圆角半径示意图

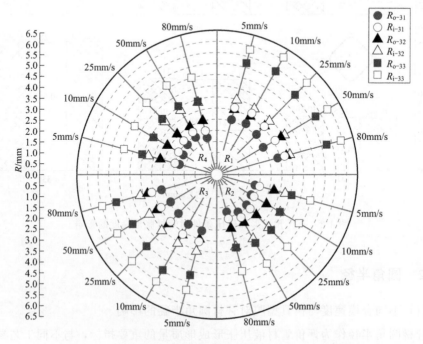

图 4-4 不同合模速度与模具型腔对管材圆角半径的影响

表 4-1 不同位置管材圆角半径对比

a/mm	外管/内管	$\bar{R}_1$/mm	$\bar{R}_2$/mm	$\bar{R}_3$/mm	$\bar{R}_4$/mm	Δ/mm
31	外管	2.6238	—	2.5518	—	0.0720
	外管	—	1.8438	—	1.821	0.0228
	内管	3.1364	—	3.0536	—	0.0828
	内管	—	2.0884	—	2.0836	0.0048
32	外管	3.17	—	3.1568	—	0.0132
	外管	—	2.5866	—	2.58	0.0066
	内管	3.4696	—	3.5852	—	0.1156
	内管	—	3.339	—	3.3358	0.0032
33	外管	5.23	—	4.6912	—	0.5388
	外管	—	3.4804	—	3.4856	0.0052
	内管	5.9146	—	5.444	—	0.4706
	内管	—	4.5098	—	4.5062	0.0036

从图 4-4 中管材圆角半径分布情况不难发现：

① 相同模具型腔、不同合模速度下成形的管材圆角半径 R_1 与 R_2、R_3 与 R_4 的值具有较好的一致性。对比不同合模速度下成形的管材圆角半径的平均值发现，R_1 与 R_3 的平均偏差较小，R_2 与 R_4 的平均偏差较小，如表 4-1 所示。其中，$\bar{R}_i$ ($i=1, 2, 3, 4$) 表示不同位置圆角半径在不同合模速度下的平均值；在相同模具型腔、不同合模速度下，管材截面水平方向与竖直方向圆角半径存在较大偏差，造成这一现象的原因是：管件在不同位置的受力不同，管件在冲击液压胀形过程中的受力情况如图 4-5 所示。管材与上模具接触点 B 处在切向仅受到摩擦力 f 的作用，引起上半部分 AB 区域材料向下半部分 BC 区域流动，从而导致 BC 区域材料增厚

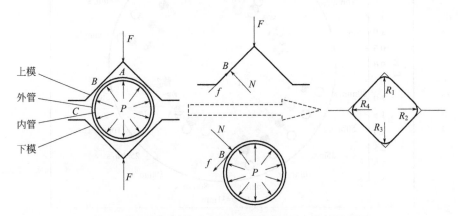

图 4-5 金属双层管冲击液压胀形过程受力分析示意图

且成形性降低，AB 区域材料减薄且成形性提高，故出现竖直方向圆角半径 R_1、R_3 明显大于水平方向 R_2、R_4 的现象。

② 在相同合模速度下，模具型腔越大，管材在模具作用下的体积压缩量越小，管材变形越不显著，故管材圆角半径更大。

③ 在同一位置，外管圆角半径始终小于内管，其原因是管材在冲击液压胀形过程中，外管受到模具合模力和内管的反作用力，与其直接接触的模具型腔四角成 90°，而内管受管内液体压力和外管传递的合模力的共同作用，没有直接与模具接触，其圆角填充取决于外管的圆角成形情况，故外管的圆角填充较内管更充分，圆角半径更小。

（2）预成形条件对管材圆角半径的影响

对不同模具型腔、不同合模速度、有无预成形条件下管材冲击液压胀形过程进行数值模拟，得到管材四个位置的圆角填充半径，如图 4-6 所示。其中，R_{i0} 为常规条件下内管圆角半径；R_{o0} 为常规条件下外管圆角半径；R_{i1} 为预成形条件下内管圆角半径；R_{o1} 为预成形条件下外管圆角半径。从图中不难发现，预成形条件下，管材在不同位置的圆角半径均有所减小，且管材在 R_1、R_3 处的减小程度大于 R_2、R_4，导致四处圆角填充半径更加接近，其原因是在预成形条件下，内外管在合模前已经胀形至贴合，合模过程中金属双层管作为一个整体，没有了内外管间的摩擦影响其成形，伴随着更大的初始内压力，管材胀形更充分。

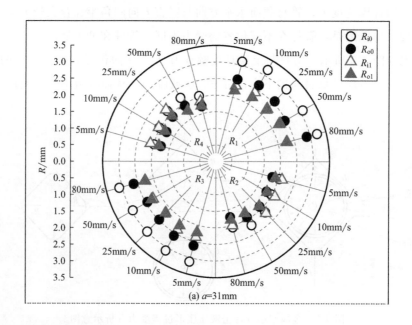

(a) $a=31\mathrm{mm}$

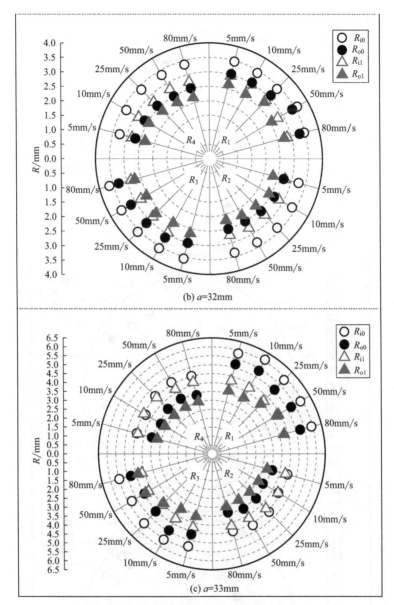

图 4-6　有无预成形条件对管材圆角填充半径的影响

（3）保压条件对管材圆角半径的影响

对不同模具型腔、不同合模速度、有无保压条件下管材冲击液压胀形过程进行数值模拟，得到管材四个位置的圆角填充半径，如图 4-7 所示。其中，R_{i0} 为常规条件下内管圆角半径；R_{o0} 为常规条件下外管圆角半径；R_{i2} 为保压条件下内管圆角半径；R_{o2} 为保压条件下外管圆角半径。从图中不难发现，保压条件对金属双层管冲击液压胀形圆角填充没有显著影响。

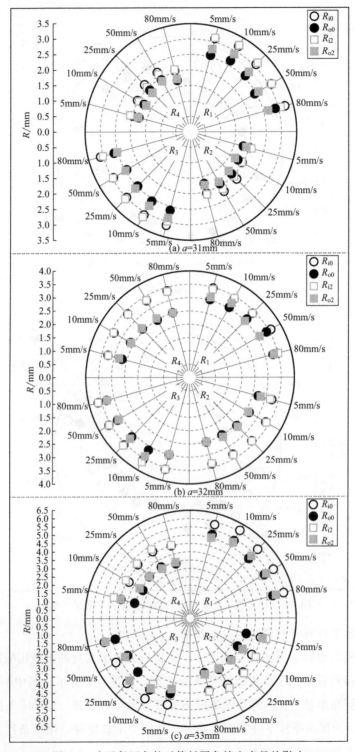

图 4-7 有无保压条件对管材圆角填充半径的影响

4.2.3 壁厚分布

管材壁厚分布情况是衡量成形质量的关键因素之一，过厚、过薄或壁厚分布不均的零件都不适用于生产制造。冲击液压胀形过程中，由于模具合模力和管内液压力的共同作用，金属双层管的成形较为复杂。因此探究冲击液压环境下金属双层管的壁厚分布情况具有重要意义。考虑到成形后金属双层管的截面轮廓具有较好的对称性，故选择中截面左侧部分开展壁厚分布分析。如图4-8所示为壁厚采集点位置示意图，如图4-9所示为金属双层管壁厚分布云图。

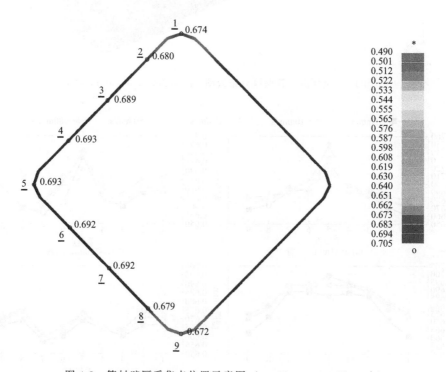

图 4-8　管材壁厚采集点位置示意图（$a=32$mm，$v=25$mm/s）

(1) 不同合模速度与模具型腔对管材壁厚分布的影响

对不同合模速度与模具型腔下金属双层管冲击液压胀形进行数值模拟分析，得到内外管材壁厚分布如图4-10所示，其中图4-10（a）与图4-10（b）分别表示边长31mm模具成形的外管与内管壁厚分布情况；图4-10（c）与图4-10（d）分别表示边长32mm模具成形的外管与内管壁厚分布情况；图4-10（e）与图4-10（f）分别表示边长33mm模具成形的外管与内管壁厚分布情况。

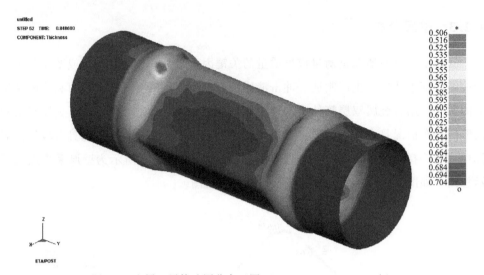

图 4-9　金属双层管壁厚分布云图（$a=32$mm，$v=5$mm/s）

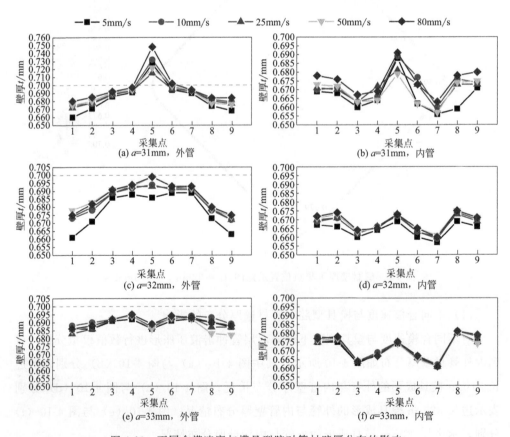

图 4-10　不同合模速度与模具型腔对管材壁厚分布的影响

从图 4-10 中可以发现：

① 各采集点的壁厚分布具有较好的一致性，沿管材水平截面具有较好的对称性。

② 模具边长越小，成形的管材壁厚分布越不均匀。其原因是：较小的模具边长意味着较小的模具型腔，在小型腔、大内压工况下，管材胀形更充分，由此造成局部减薄和增厚的情况也更严重，如：$a=31$mm 时，外管壁厚极值之差为 0.068mm，内管壁厚极值之差为 0.032mm；$a=32$mm 时，外管壁厚极值之差为 0.027mm，内管壁厚极值之差为 0.015mm；$a=33$mm 时，外管壁厚极值之差为 0.012mm，内管壁厚极值之差为 0.02mm。

③ 壁厚值最大处多集中在采集点 5 的位置，其原因是在合模过程中，管材与模具间存在一定的摩擦力，影响了材料的组织流动，如图 4-5 所示。以 B 点为分界点，在摩擦的作用下，AB 区域材料受拉变薄，BC 区域材料受压增厚，造成图示管材壁厚分布不均现象。

④ 在不同模具型腔作用下，内管在采集点 3 和 7 处壁厚最小。其中，$a=31$mm 时，内管壁厚最小的两处为采集点 3 处 $t_{31-i-3}=0.660$mm 和采集点 7 处 $t_{31-i-7}=0.656$mm；$a=32$mm 时，内管壁厚最小的两处为采集点 3 处 $t_{32-i-3}=0.660$mm 和采集点 7 处 $t_{32-i-7}=0.657$mm；$a=33$mm 时，内管壁厚最小的两处为采集点 3 处 $t_{33-i-3}=0.663$mm 和采集点 7 处 $t_{33-i-7}=0.661$mm。其原因是在合模初期，内管受内压力与外管压力作用，其直边部分先于圆角部分与外管发生接触，随着模具闭合和内压力升高，内管圆角处开始逐渐填充外管，此时在内管与外管的摩擦作用下，直边中部材料向两端流动，故采集点 3 和 7 处壁厚较薄。

(2) 预成形条件对管材壁厚分布的影响

有预成形条件下，不同模具型腔、不同合模速度下成形的管材各采集点壁厚分布一致性较常规条件差，如图 4-11 所示。可以认为：

① 预成形条件下，管材壁厚较常规条件有明显的减薄。其原因是预成形条件下，管材胀形存在一定的初始内压力，在相同模具型腔作用下，合模结束后产生更大的型腔内压力，管材胀形更充分，故出现明显的壁厚减薄现象。

② 预成形条件下，合模速度对管材壁厚均匀性有一定程度的影响。合模速度较小时，不同采集点壁厚差值较大，管材壁厚均匀性差。

(3) 保压条件对管材壁厚分布的影响

由图 4-12 可以发现，保压条件对管材壁厚分布影响较小，保压条件下成形的管材壁厚分布与常规条件无较大差异。

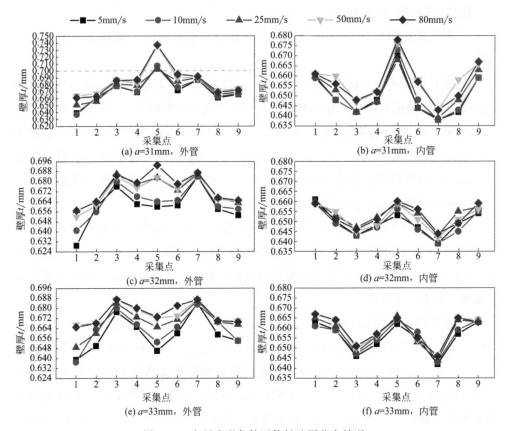

图 4-11 有预成形条件下管材壁厚分布情况

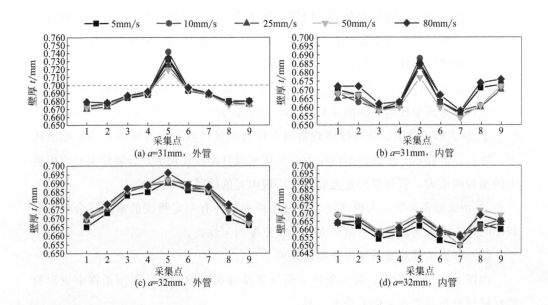

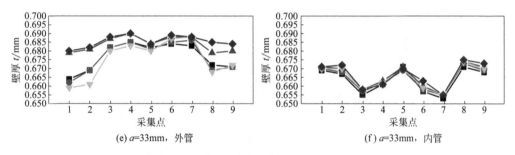

(e) a=33mm，外管　　　　　(f) a=33mm，内管

图 4-12　有保压条件下管材壁厚分布情况

4.3　自然胀形区成形规律的研究

4.3.1　应力应变

本章主要研究管材自然胀形区的变形情况，DYNAFORM 模拟冲击液压下管材自然胀形区的基本胀形轮廓如图 4-13 所示，截取管材自然胀形区截面最大处进行数据采集，图中数字 1～9 为应力应变数据采集点。

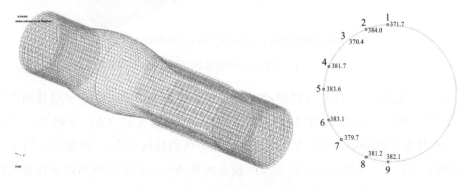

图 4-13　管材的胀形轮廓和数据采集截面

基于 DYNAFORM 的后处理模块，本节主要研究管材自然胀形区的径向应力 σ_r 和周向应力 σ_θ。图 4-14 为 AA6010 单层管的径向应力和周向应力分布云图。

（1）不同合模速度和模具对管材自然胀形区径向应力 σ_r 的影响规律

1）AA6010 单层管和内管自然胀形区的径向应力 σ_r 变化情况

对不同合模速度与模具的管材冲击液压胀形进行数值模拟分析，获取完成胀形前最后一帧管材自然胀形区的径向应力 σ_r，并将 AA6010 单层管自然胀形区的径向应力 σ_r 与内管自然胀形区的径向应力 σ_r 进行分析讨论，如图 4-15 所示，其中，

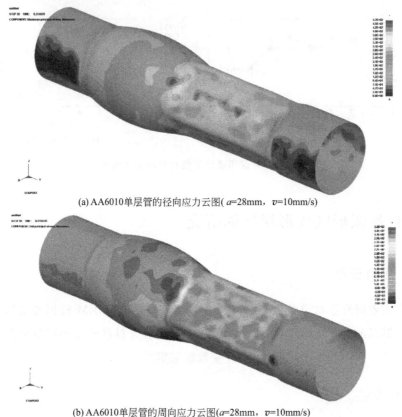

(a) AA6010单层管的径向应力云图(a=28mm, v=10mm/s)

(b) AA6010单层管的周向应力云图(a=28mm, v=10mm/s)

图4-14　AA6010单层管的应力云图

图4-15（a）和图4-15（b）分别表示边长28mm模具成形AA6010单层管和内管自然胀形区的径向应力σ_r的情况，图4-15（c）和图4-15（d）分别表示边长29mm模具成形AA6010单层管和内管自然胀形区的径向应力σ_r的情况，图4-15（e）和图4-15（f）分别表示边长30mm模具成形AA6010单层管和内管自然胀形区的径向应力σ_r的情况。从图4-15可以发现：

① 各采集点数据中，径向应力数值主要集中在360～400MPa之间；径向应力和模具边长没有明显关联，而且相同速度和相同模具下内管的σ_r比AA6010单层管的σ_r要大。其原因是：金属双层管胀形的合模高度大于AA6010单层管胀形的合模高度，所以内管受到的液压力较大，管材自然胀形区的胀形程度较大。

② AA6010单层管胀形中，相同模具情况下，随着速度的增大，径向应力会出现先减小后增大的现象。其原因是：速度越快，管材型腔体积变化越快，液体压力变化率越大，导致管材成形较快，但是管材的填充性不好，管材所受到的液压力也不均匀，所以径向应力会变小，不过当合模速度增大到50mm/s左右时，由于

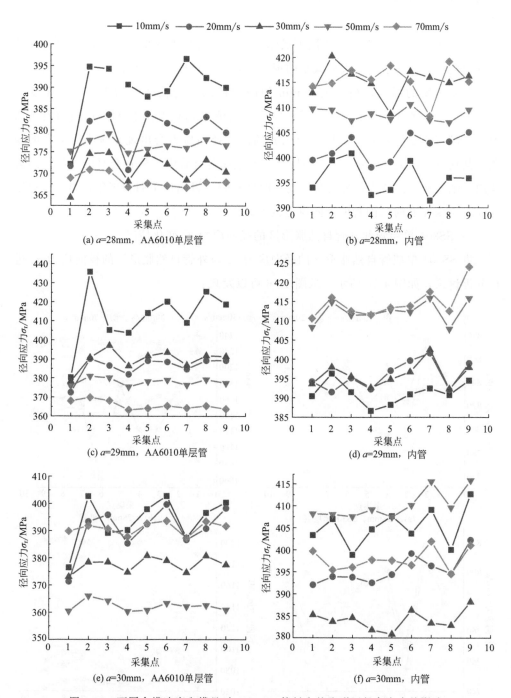

图 4-15 不同合模速度和模具对 AA6010 管材自然胀形区径向应力的影响

速度过大，管材塑性变形时间很短，胀形并不充分，管材的径向应力也会出现增大的现象。

③ 金属双层管胀形中，相同模具情况下，随着速度的增大，模具为 28mm 的内管径向应力会出现先增大后减小的现象，其拐点速度为 50mm/s；相同模具情况下，随着速度的增大，模具为 29mm 的内管径向应力会逐渐增大，而且速度为 50mm/s 与速度为 30mm/s 的内管径向应力数值平均相差约 20MPa；相同模具情况下，随着速度的增大，模具为 30mm 的内管径向应力会出现先减小后增大的现象，其拐点速度为 30mm/s。其原因是：双金属复合管中，外管会对内管起到约束作用，随着速度的增大，外管塑性变形时间短暂，且出现了回弹现象，当合模速度为 50mm/s 左右时，内管的径向应力较大。

2) SS304 单层管和外管自然胀形区的径向应力 σ_r 变化情况

将 SS304 单层管自然胀形区的径向应力 σ_r 与外管自然胀形区的径向应力 σ_r 进行分析讨论，如图 4-16 所示。从图 4-16 可以发现：

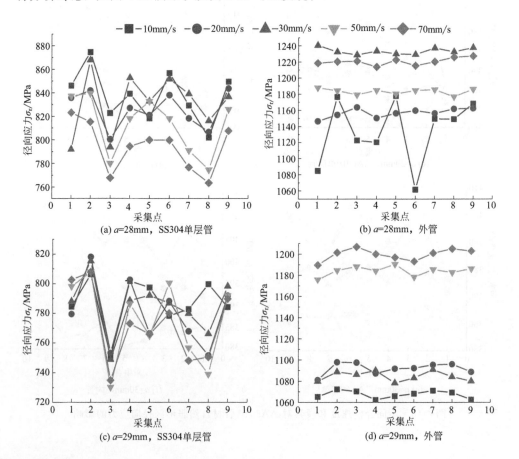

(a) a=28mm，SS304 单层管

(b) a=28mm，外管

(c) a=29mm，SS304 单层管

(d) a=29mm，外管

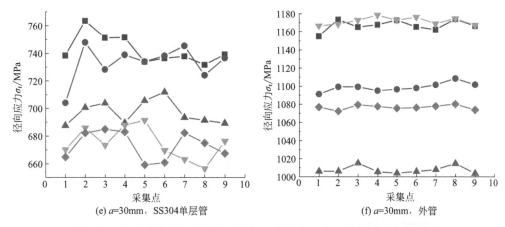

(e) $a=30mm$,SS304单层管　　　　(f) $a=30mm$,外管

图 4-16　不同合模速度和模具对 SS304 管材自然胀形区径向应力的影响

① 各采集点数据中,径向应力数值主要集中在 660~880MPa 之间;相同速度和相同模具情况下,外管的径向应力比 AA6010 单层管的径向应力更大;相同速度下,随着模具边长的增大,可以发现径向应力逐渐变小。其原因主要是,由于模具较小,合模结束时,管材内部液体压缩量更大,管材胀形更充分。

② SS304 单层管胀形中,相同模具情况下,随着速度的增大,径向应力逐渐减小。其原因是,SS304 管材的塑性较好,三种模具的管材自然胀形区都未破裂,速度越小,管材的填充性越好,胀形更加充分。

③ 金属双层管胀形中,相同模具下,随着速度的增大,模具为 28mm 的外管径向应力会出现先增大后减小的现象,其拐点速度为 50mm/s;相同模具情况下,随着速度的增大,模具为 29mm 的外管径向应力会逐渐增大,而且速度为 50mm/s 与速度为 30mm/s 的外管径向应力数值平均相差约 100MPa;相同模具情况下,随着速度增大,模具为 30mm 的外管径向应力会出现先减小后增大的现象,其拐点速度为 30mm/s。

(2) 不同合模速度和模具对管材自然胀形区周向应力 σ_θ 的影响规律

1) AA6010 单层管和内管自然胀形区的周向应力 σ_θ 变化情况

对不同合模速度与模具的管材冲击液压胀形进行数值模拟分析,获取完成胀形前最后一帧管材自然胀形区的周向应力 σ_θ,并将 AA6010 单层管自然胀形区的周向应力 σ_θ 与内管自然胀形区的周向应力 σ_θ 进行分析讨论,如图 4-17 所示。从图 4-17 可以发现:

① 各采集点数据中,周向应力数值主要集中在 210~310MPa 之间;相同速度下,模具边长和周向应力没有明显联系,而且相同速度和相同模具情况下,内管的周向应力比 AA6010 单层管的周向应力要大。

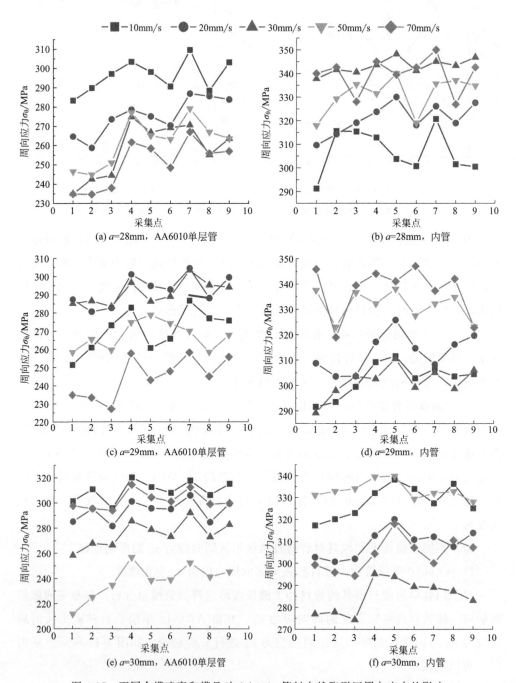

图 4-17 不同合模速度和模具对 AA6010 管材自然胀形区周向应力的影响

② AA6010 单层管胀形中，相同模具情况下，随着速度的增大，可以发现周向应力逐渐变小，图 4-17（e）中模具为 29mm、速度为 70mm/s 的管材周向应力出现突增的偶然现象，可能是因为管材破裂导致的。

③ 双金属复合管胀形中，相同模具情况下，随着速度的增大，模具为 28mm 和 29mm 的内管周向应力会先增大后减小，而模具为 30mm 的内管周向应力会先减小后增大，速度为 50mm/s 是三种模具成形下的拐点；图 4-17（f）中模具为 30mm、速度为 70mm/s 的管材周向应力出现突减的偶然现象，可能是因为管材破裂导致的。

2）SS304 单层管和外管自然胀形区的周向应力 σ_θ 变化情况

将 SS304 单层管自然胀形区的周向应力 σ_θ 与外管自然胀形区的周向应力 σ_θ 进行分析讨论，如图 4-18 所示。从图 4-18 可以发现：

① 各采集点的周向应力波动幅度较大，数值主要集中在 250～950MPa 之间；相同速度下，随着模具边长的增大，周向应力会减小。其原因可能是：由于合模结束时，模具较小，管材内部液体压缩量更大，所以管材胀形更加充分。

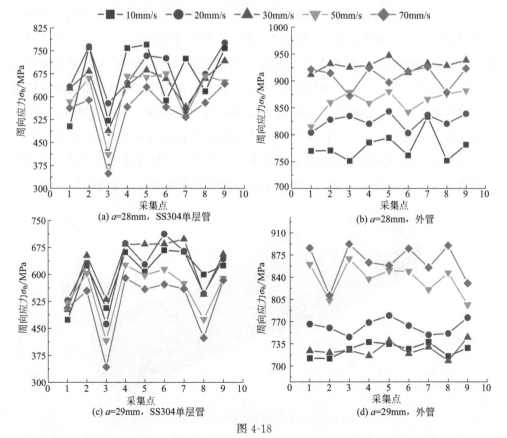

图 4-18

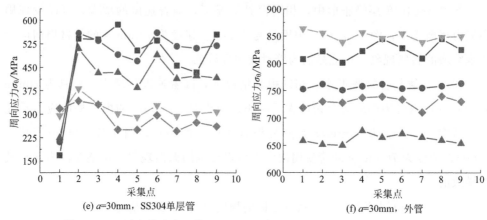

(e) $a=30$mm，SS304单层管 (f) $a=30$mm，外管

图 4-18　不同合模速度和模具对 SS304 管材自然胀形区周向应力的影响

② SS304 单层管胀形中，相同模具情况下，随着速度的增大，周向应力逐渐减小。其原因是：SS304 管材的塑性较好，完成胀形后，管材自然胀形区都未破裂，速度越小，管材的填充性越好，胀形更加充分，其与 SS304 单层管径向应力变化规律类似。

③ 双金属复合管胀形中，相同模具情况下，随着速度的增大，模具为 28mm 的外管周向应力会出现先增大后减小的现象，其拐点速度为 50mm/s；相同模具情况下，随着速度增大，模具为 29mm 的外管周向应力会逐渐增大，而且速度为 50mm/s 与速度为 30mm/s 的周向应力数值平均相差约 100MPa；相同模具情况下，随着速度增大，模具为 30mm 的外管周向应力会出现先减小后增大的现象，其拐点速度为 50mm/s，外管周向应力与双金属复合管径向应力的变化规律类似。

基于 DYNAFORM 的后处理模块，本节主要研究管材自然胀形区的径向应变 ε_r 和周向应变 ε_θ。图 4-19 为 AA6010 单层管的径向应变和周向应变分布云图。

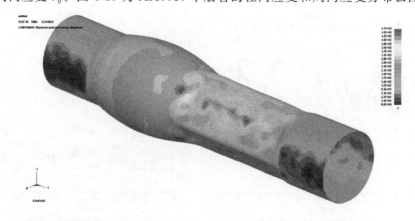

(a) AA6010单层管的径向应变云图（$a=28$mm，$v=10$mm/s）

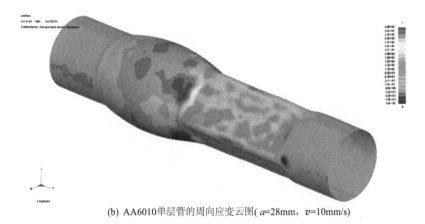

(b) AA6010 单层管的周向应变云图（a=28mm，v=10mm/s）

图 4-19 AA6010 单层管的应变云图

（3）不同合模速度和模具对管材自然胀形区径向应变 ε_r 的影响规律

1）AA6010 单层管和内管自然胀形区的径向应变 ε_r 变化情况

对不同合模速度与模具情况下管材冲击液压胀形进行数值模拟分析，获取完成胀形前最后一帧管材自然胀形区的径向应变 ε_r，并将 AA6010 单层管自然胀形区的径向应变 ε_r 与内管自然胀形区的径向应变 ε_r 进行分析讨论，如图 4-20 所示。从图 4-20 可以发现：

① 各采集点数据中，径向应变数值主要集中在 0.13～0.3 之间，径向应变和模具边长没有明显关联，而且相同速度和相同模具情况下，内管的径向应变比 AA6010 单层管的径向应变要大。其原因是，双金属复合管胀形的合模高度大于 AA6010 单层管的合模高度，所以内管的液压力较大，管材自然胀形区的胀形程度较大。

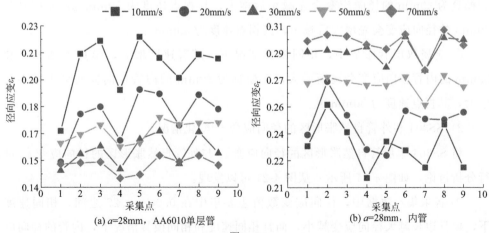

(a) a=28mm，AA6010单层管

(b) a=28mm，内管

图 4-20

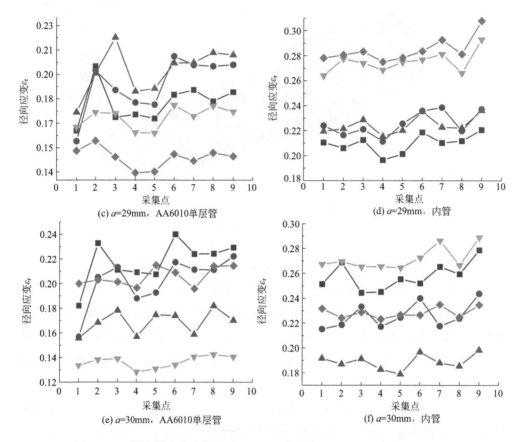

图 4-20 不同合模速度和模具对 AA6010 管材自然胀形区径向应变的影响

② AA6010 单层管胀形中，相同模具情况下，随着速度的增大，模具为 28mm 和模具为 30mm 的径向应变会先减小后增大，其拐点速度为 50mm/s；而模具为 29mm 的径向应变会先增大后减小，其拐点速度为 50mm/s。

③ 金属双层管胀形中，相同模具情况下，随着速度增大，模具为 28mm 和 29mm 的内管径向应变会逐渐增大，而模具为 30mm 的内管径向应变会先减小后增大，其拐点速度为 50mm/s。

2) SS304 和外管自然胀形区的径向应变 ε_r 变化情况

将 SS304 单层管自然胀形区的径向应变 ε_r 与外管自然胀形区的径向应变 ε_r 进行分析讨论，如图 4-21 所示。从图 4-21 可以发现：

① 各采集点数据中，径向应变数值主要集中在 0.06～0.27 之间，相同速度下，模具边长越大径向应变越小，而且相同速度和相同模具情况下，内管的径向应变比 AA6010 单层管的径向应变要大。

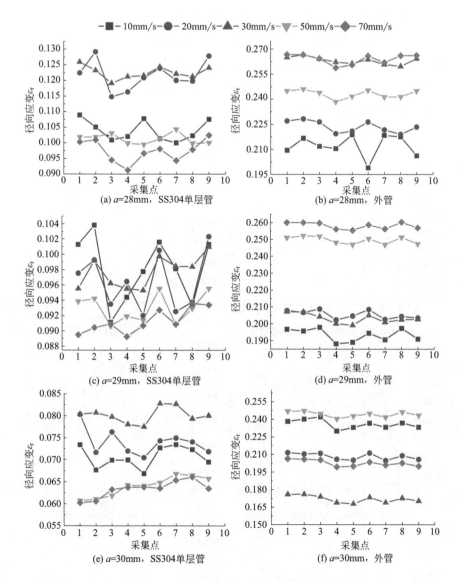

图 4-21 不同合模速度和模具对 SS304 管材自然胀形区径向应变的影响

② SS304 单层管胀形中，相同模具情况下，随着速度的增大，管材径向应变会先增大后减小，其拐点速度为 30mm/s。

③ 金属双层管胀形中，相同模具情况下，随着速度的增大，模具为 30mm 的外管径向应变会先减小后增大，其拐点速度为 50mm/s，速度为 70mm/s 时径向应变突然减小为偶然现象，而模具为 28mm 和 29mm 的外管径向应变会逐渐增大。

（4）不同合模速度和模具对管材自然胀形区周向应变 ε_θ 的影响规律

1）AA6010 单层管和内管的周向应变 ε_θ 变化情况

获取完成胀形前最后一帧管材自然胀形区的周向应变 ε_θ，并将 AA6010 单层管自然胀形区的周向应变 ε_θ 与内管自然胀形区的周向应变 ε_θ 进行分析讨论，如图 4-22 所示。从图 4-22 可以发现：

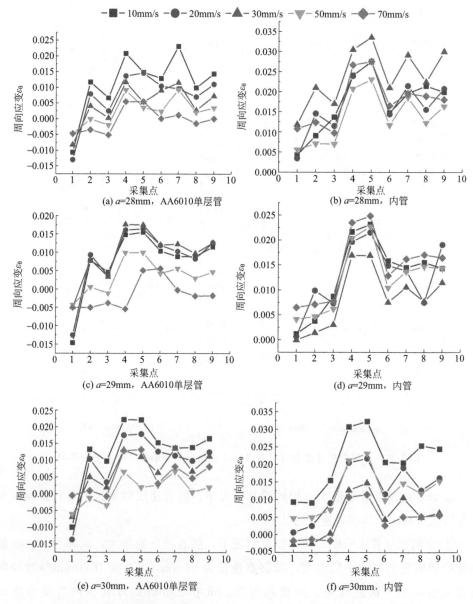

图 4-22　不同合模速度和模具对 AA6010 管材自然胀形区周向应变的影响

① 各采集点数据中，周向应变数值主要集中在-0.005~0.035 之间，模具边长与周向应变没有明显联系，而且相同速度和相同模具情况下，内管的周向应变比 AA6010 单层管的周向应变要大。

② AA6010 单层管胀形中，相同模具情况下，随着速度的增大，管材周向应变会逐渐减小，图 4-22（e）中速度为 30mm/s 的周向应变最小，出现这种突变现象可能是因为管材发生了破裂。

③ 金属双层管胀形中，相同模具情况下，随着速度的增大，模具为 30mm 的内管周向应变逐渐减小，而模具为 28mm 和 29mm 的内管周向应变数值相差很小，一致性较好。其原因可能是因为内管都出现了破裂，而且管材能承受的极限液压力值基本相等，管材自然胀形区的胀形程度也几乎相同。

2）SS304 单层管和外管自然胀形区的周向应变 ε_θ 变化情况

将 SS304 单层管自然胀形区的周向应变 ε_θ 与内管自然胀形区的周向应变 ε_θ 进行分析讨论，如图 4-23 所示。从图 4-23 可以发现：

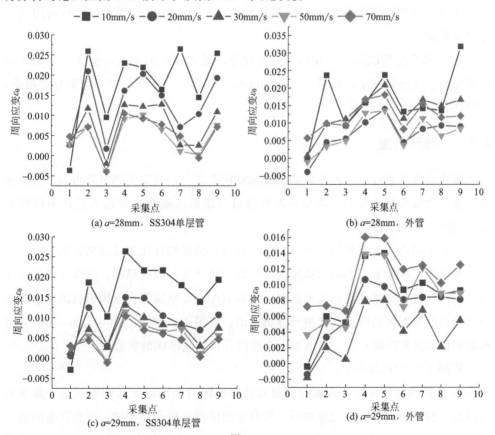

图 4-23

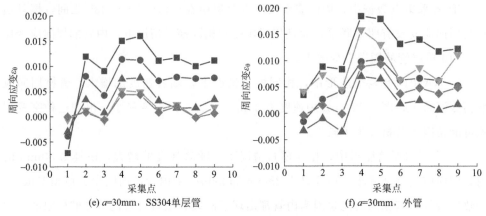

(e) a=30mm，SS304单层管　　　(f) a=30mm，外管

图 4-23　不同合模速度和模具对 SS304 管材自然胀形区周向应变的影响

① 各采集点数据中，周向应变数值主要集中在 $-0.005 \sim 0.035$ 之间，相同速度下，模具边长越大周向应变越小，而且相同速度和相同模具情况下，外管的周向应变比 SS304 单层管的周向应变要大。

② SS304 单层管胀形中，相同模具情况下，随着速度的增大，管材的周向应变会逐渐减小。

③ 金属双层管胀形中，相同模具情况下，随着速度的增大，模具为 30mm 的外管周向应变逐渐减小，而模具为 28mm 和 29mm 的内管周向应变数值相差很小，一致性较好。

4.3.2　胀形高度

胀形高度作为管材成形性能的重要衡量标准之一，主要受到模具边长、合模速度、液压力等参数的影响。本小节取管材自然胀形区截面直径最大处作为研究对象，如图 4-24 所示。

(1) 不同合模速度和模具对 AA6010 管材自然胀形区胀形高度的影响

冲击液压胀形下对不同合模速度与模具的管材进行数值模拟，获取完成胀形前最后一帧管材自然胀形区的胀形高度，并将 AA6010 单层管自然胀形区的胀形高度与内管自然胀形区的胀形高度进行分析讨论，如图 4-25 所示，其中，H_i 为内管自然胀形区的胀形高度；H_A 为 AA6010 单层管自然胀形区的胀形高度。

从图 4-25 可以知道：

① 相同模具情况下，速度对管材自然胀形区的胀形高度影响不明显。其主要原因是，模具相同且合模高度相同，管材型腔体积改变量便相同，所以产生的液压力相同。

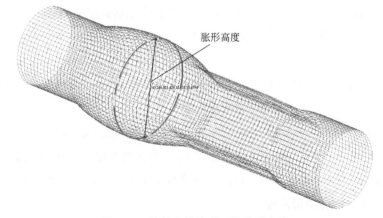

图 4-24 管材自然胀形区的胀形高度

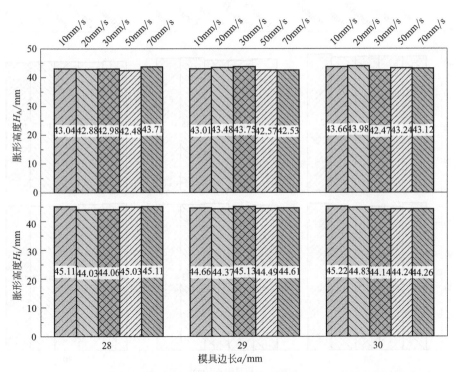

图 4-25 不同合模速度和模具对 AA6010 管材自然胀形区胀形高度的影响

② 相同速度情况下，模具边长对管材自然胀形区的胀形高度影响不明显。其主要原因是三种模具的 AA6010 单层管和双金属复合管都已经破裂，所以其破裂极限液压力值基本是相同的，AA6010 单层管破裂前的极限液压力值约为 17MPa，金属双层管破裂前的极限液压力值约为 30MPa。不过，模具不同，在合模速度相同的情况下，模具越小，合模时间越短，成形效率越高。

③ 相同模具和相同速度情况下，内管比 AA6010 单层管自然胀形区的胀形高

度要大，当速度为 50mm/s 时，两种情况下的最大胀形高度差约 3mm。其原因是：由于金属双层管成形的合模高度比 AA6010 单层管的合模高度要大，所以内管所受到的液压力较大，而且由于外管与内管之间存在接触压力，外管会约束内管的变形，导致内管能够承受更大的液压力，所以内管自然胀形区的胀形高度要大于 AA6010 单层管自然胀形区的胀形高度。

（2）不同合模速度和模具对 SS304 管材自然胀形区胀形高度的影响

将 SS304 单层管自然胀形区的胀形高度与外管自然胀形区的胀形高度进行分析讨论，如图 4-26 所示，其中，H_O 为外管自然胀形区的胀形高度；H_S 为 SS304 单层管自然胀形区的胀形高度。

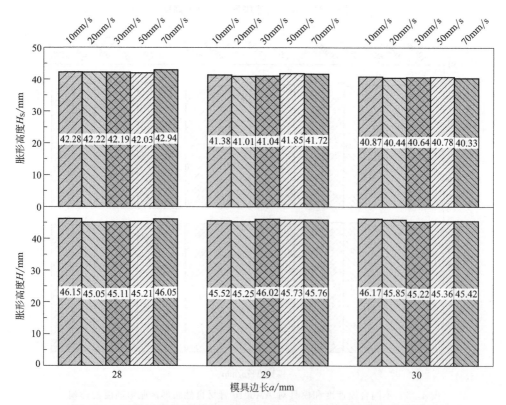

图 4-26　不同合模速度和模具对 SS304 管材自然胀形区胀形高度的影响

从图 4-26 可以知道：

① 模具相同时，不同速度下管材自然胀形区的胀形高度一致性较好，即相同模具情况下，合模速度对管材自然胀形区胀形高度影响不明显。其原因是：模具相同且合模高度相同，管材型腔体积改变量相同，所以产生的液压力相同。

② 相同速度下，模具越小，管材自然胀形区的胀形高度越大。其原因是：模

具越小，合模高度越大，管材型腔体积改变量越大，所以管材内部的液压力越大，从而使得管材的胀形高度更大。

③ 相同模具和相同速度下，外管比 SS304 单层管的自然胀形区的胀形高度要大，当速度为 50mm/s 时，两种情况下的最大胀形高度差约 3mm。其原因是：由于金属双层管成形的合模高度比 SS304 单层管的合模高度要大，所以在冲击载荷作用下产生的液压力较大，内管胀形更加充分，外管受到内管的接触压力更大，从而胀形更加充分。

4.3.3 壁厚分布

管材壁厚分布情况是体现管材成形质量的关键因素之一，而冲击液压胀形过程中，管材的成形较为复杂，所以研究冲击液压环境下管材自然胀形区的壁厚分布情况具有重要意义。管材自然胀形区的轮廓和数据采集截面如图 4-27 所示，图中数字 1~8 为壁厚数据采集点。图 4-28 为 AA6010 单层管的壁厚分布云图。

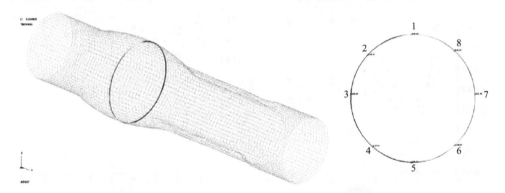

图 4-27　管材自然胀形区的轮廓和数据采集截面

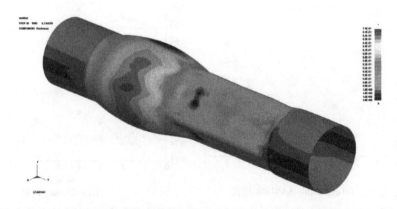

图 4-28　AA6010 单层管的壁厚分布云图（$a=28$mm，$v=10$mm/s）

(1) 不同合模速度和模具对 AA6010 管材自然胀形区壁厚分布的影响

对不同合模速度和模具的管材冲击液压胀形进行数值模拟分析，获取完成胀形前最后一帧管材自然胀形区的壁厚值，并将 AA6010 单层管自然胀形区的壁厚值与内管自然胀形区的壁厚值进行分析讨论，如图 4-29 所示。从图 4-29 可以知道：

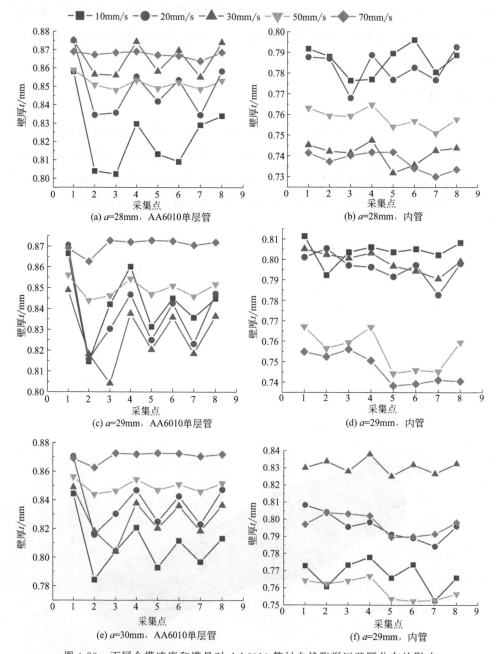

图 4-29　不同合模速度和模具对 AA6010 管材自然胀形区壁厚分布的影响

① 相同模具和相同速度下，AA6010 单层管的自然胀形区壁厚比内管的自然胀形区壁厚要大，如当速度为 50mm/s 时，三种模具，壁厚差为 0.1mm。其原因是：AA6010 单层管成形中的合模高度比金属双层管成形的合模高度要小，合模高度越大，管材型腔产生的液压力就越大，管材胀形就更加充分，其变形程度就更大，所以管材的壁厚就越小。

② AA6010 单层管胀形中，相同模具，速度越大，管材的壁厚越大，而且壁厚分布更均匀，而且当模具为 28mm、速度为 70mm/s 时，壁厚为 0.87mm，壁厚仅仅减薄 0.13mm。其原因是：当模具相同时，管材型腔内的最大液压力值几乎相同，但是胀形时间不同，速度越大，胀形时间越短，液压力变化速率越大，管材成形越迅速，所以管材壁厚减薄越小。

③ 金属双层管胀形中，模具为 28mm 和 29mm 时，相同模具情况下，随着速度的增大，内管自然胀形区壁厚逐渐变小，速度为 10mm/s 和 70mm/s 的平均壁厚差为 0.029mm；而模具为 30mm、速度为 30mm/s 时，内管自然胀形区壁厚最大，平均值为 0.831mm；速度为 50mm/s 时内管自然胀形区壁厚最小，平均值为 0.759mm。

(2) 不同合模速度和模具对 SS304 管材自然胀形区壁厚分布的影响

将 SS304 单层管自然胀形区的壁厚值与外管自然胀形区的壁厚值进行分析讨论，如图 4-30 所示。从图 4-30 可以知道：

① 相同模具和相同速度下，SS304 单层管的自然胀形区壁厚比外管的自然胀形区壁厚要大，如当速度为 70mm/s 时，三种模具，壁厚差约为 0.1mm。其原因是：双金属复合管胀形中，内外管紧密贴合会存在接触压力，内外管之间的接触压力小于液压力，而外管受到内管的挤压发生塑性变形，所以 SS304 单层管自然胀形区的变形程度比外管自然胀形区的变形程度要小。

② SS304 单层管胀形中，相同模具，速度越大，管材的壁厚越大，速度为 70mm/s 时壁厚平均值为 0.638mm，壁厚分布更加均匀；但是模具 28mm 和 30mm 出现了一个拐点，即速度为 30mm/s 壁厚最小，平均值为 0.619mm。

③ 金属双层管胀形中，模具为 28mm 和 29mm、速度为 10mm/s 时外管自然胀形区壁厚最大，其平均值为 0.561mm；速度为 70mm/s 时外管自然胀形区壁厚最小，其平均值为 0.533mm，两者值相差 0.028mm；而模具为 30mm 时，速度为 30mm/s 时外管自然胀形区壁厚最大，平均值为 0.591mm；速度为 50mm/s 时外管自然胀形区壁厚最小，平均值为 0.546mm。

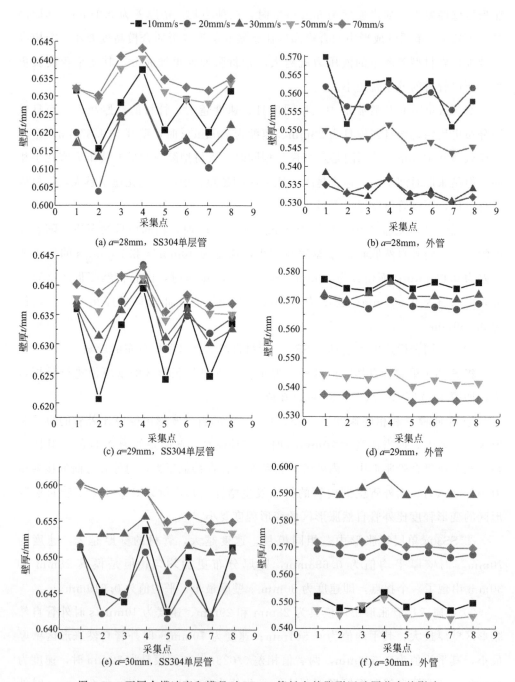

图 4-30 不同合模速度和模具对 SS304 管材自然胀形区壁厚分布的影响

4.4 小结

本章根据金属双层管冲击液压胀形的成形特点，对金属双层管冲击液压胀形模拟过程展开了详细阐述，重点分析了不同载荷条件下金属双层管的成形规律，主要结论如下：

① 在相同模具型腔、不同合模速度下成形的管材胀形高度 H_1 与 H_2 具有较好的一致性，圆角半径 R_1 与 R_3、R_2 与 R_4 具有较好的一致性，管材截面水平方向与竖直方向圆角半径存在明显差异，壁厚分布具有较好的一致性。

② 管材胀形高度、圆角半径、内外管间距及壁厚分布均匀性均与模具型腔大小成正比。

③ 预成形条件下，管材胀形高度较常规条件略高，圆角半径有所减小，壁厚较常规条件明显减薄。

④ 相同速度和相同模具下，内管的径向应力应变和周向应力应变都比 AA6010 单层管的径向应力应变和周向应力应变要大，外管的径向应力应变和周向应力应变也比 SS304 单层管的径向应力应变和周向应力应变要大。

⑤ AA6010 单层管胀形中，相同模具，随着速度的增大，径向应力会先减小后增大，而周向应力会逐渐变小；相同模具，随着速度的增大，模具为 28mm 和模具为 30mm 的管材径向应变会先减小后增大，其拐点速度为 50mm/s，模具为 29mm 的管材径向应变会先增大后减小，当速度为 30mm/s 时管材的径向应变最大，而管材的周向应变会逐渐减小；相同速度下，模具边长和管材的径向应力应变、周向应力应变没有明显联系。

⑥ SS304 单层管胀形中，相同模具，随着速度的增大，径向应力和周向应力都逐渐减小；相同模具，随着速度的增大，管材径向应变会先增大后减小，其拐点速度为 30mm/s，而周向应变会逐渐减小；相同速度下，随着模具的增大，管材径向应变会先增大后减小，其拐点速度为 30mm/s，而周向应变会逐渐减小；相同速度下，随着模具的增大，径向应力应变和周向应力应变都逐渐变小。

⑦ 金属双层管胀形中，相同模具，随着速度的增大，模具为 28mm 的内外管径向应力，都会出现先增大后减小的现象，其拐点速度为 50mm/s，模具为 29mm 的内外管径向应力都会逐渐增大，而且速度为 50mm/s 与速度为 30mm/s 的内外管径向应力平均数值相差较大，模具为 30mm 的内外管径向应力都会出现先减小后增大的现象，其拐点速度为 30mm/s；相同模具，随着速度的增大，模具为

28mm 和 29mm 的内管周向应力会先增大后减小,而模具为 30mm 的内管周向应力会先减小后增大,速度为 50mm/s 是三种模具成形下的拐点;相同模具,随着速度的增大,模具为 28mm 的外管周向应力,会出现先增大后减小的现象,其拐点速度为 50mm/s,模具为 29mm 的外管周向应力会逐渐增大,而且速度为 50mm/s 与速度为 30mm/s 的周向应力数值平均相差约 100MPa,模具为 30mm 的外管周向应力会出现先减小后增大的现象,其拐点速度为 50mm/s,外管周向应力与双金属复合管径向应力的变化规律类似;相同模具,随着速度增大,模具为 28mm 和 29mm 的内外管径向应变都会逐渐增大,而模具为 30mm 的内外管径向应变都会先减小后增大,其拐点速度为 50mm/s;相同模具,随着速度的增大,模具为 30mm 的内外管周向应变都会逐渐减小,而模具为 28mm 和 29mm 的内外管周向应变数值相差很小,一致性较好;相同速度下,随着模具的增大,外管的径向应力应变和周向应力应变都会逐渐变小,而模具边长与内管的径向应力应变和周向应力应变没有明显联系。

第 5 章
金属双层管冲击液压成形极限研究

5.1 引言

在金属双层管冲击液压胀形过程中会出现壁厚减薄、截面畸变以及失稳起皱等缺陷,对管材胀形极限进行研究,可以为后续避免成形缺陷、提高管材成形质量提供一定的指导。金属双层管胀形极限受模具型腔、合模速度、有无预成形条件和保压条件等因素的影响,因此本章通过 DYNAFORM 对管材冲击液压胀形过程进行胀形极限的数值模拟分析。

5.2 金属双层管成形极限分析

5.2.1 合模区的成形极限分析

为探究冲击液压载荷作用下金属双层管的成形极限,本书扩大了试验模具尺寸范围,设置了边长为 31mm、32mm、33mm 和 34mm 的模具,以确定使管材得到有效胀形的模具尺寸范围。如图 5-1 所示为不同模具型腔 ($a=31$mm、$a=32$mm、$a=33$mm 和 $a=34$mm)、相同合模速度 ($v=25$mm/s) 下的金属双层管成形极限图。从图中不难发现,$a=31$mm 时,成形的金属双层管外管有发生起皱的可能,起皱区域主要集中在管材在上下模具闭合处的圆角位置,如图 5-1(a) 所示;$a=32$mm 和 $a=33$mm 两组模具,成形的管材质量相对较好,未出现明显失效,如图 5-1(b) 和 5-1(c) 所示;$a=34$mm 模具作用下管材成形极不充分,发生了屈曲失效,如图 5-1(d) 所示。有保压条件下成形管材的成形极限图与常规条件一致。

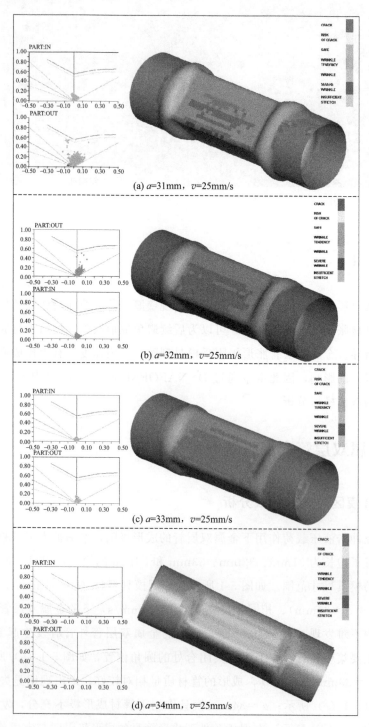

图 5-1 常规条件下管材成形极限

如图 5-2 所示为有预成形条件下金属双层管成形极限图。从数值模拟分析结果来看，预成形条件下的管材成形较常规条件充分。从成形极限图中不难发现，在 $a=31\text{mm}$ 模具型腔作用下，内管胀形较为充分，而外管则存在明显破裂，且在圆角位置，外管可能出现起皱现象，如图 5-2（a）所示；$a=32\text{mm}$ 条件下，管材成形质量较好，如图 5-2（b）所示；$a=33\text{mm}$ 和 $a=34\text{mm}$ 条件下，管材成形质量欠佳，如图 5-2（c）和 5-2（d）所示。

5.2.2 自然胀形区的成形极限分析

为研究冲击液压胀形下管材自然胀形区的破裂情况，基于 DYNAFORM 的后

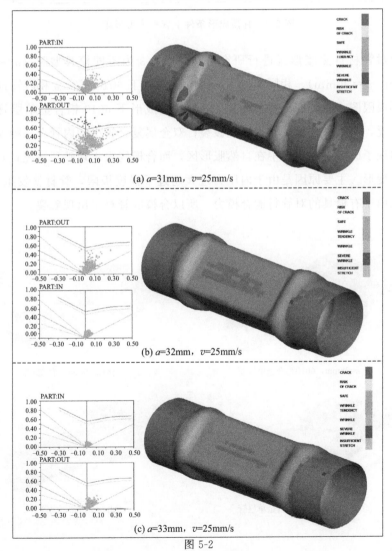

图 5-2

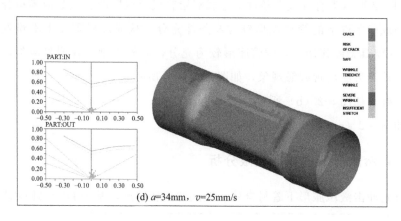

(d) a=34mm，v=25mm/s

图 5-2 有预成形条件下管材成形极限

处理模块对管材自然胀形区进行研究分析。图 5-3 为不同模具型腔（$a=28$mm、$a=29$mm、$a=30$mm）、相同速度（$v=50$mm/s）下 6010 铝合金和内管自然胀形区的成形极限图。从图 5-3 可以知道：三种模具成形下 6010 铝合金单层管都出现了破裂情况，而管材合模区并未出现破裂；双金属复合管中的内管在三种模具成形下也都出现了破裂，主要集中在自然胀形区，而合模区未出现破裂情况且有部分区域未发生变形。主要原因是由于内压力过大超过了强度极限，管材就发生了破裂，而合模区由于有模具的对管材的合模力，所以合模区管材未出现破裂。

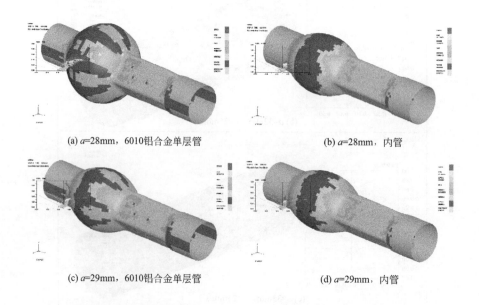

(a) a=28mm，6010铝合金单层管   (b) a=28mm，内管

(c) a=29mm，6010铝合金单层管   (d) a=29mm，内管

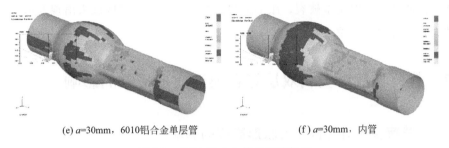

(e) $a=30$mm，6010铝合金单层管   (f) $a=30$mm，内管

图 5-3　6010 铝合金管材胀形极限

图 5-4 为不同模具型腔（$a=28$mm、$a=29$mm、$a=30$mm）、相同速度（$v=50$mm/s）下 304 不锈钢和外管自然胀形区的成形极限图。从图 5-4 可以知道：三种模具成形下 304 不锈钢管单层管都未出现破裂情况，管材自然胀形区成形较好，而合模区有部分未成形；双金属复合管中的外管在三种模具成形下自然胀形区出现

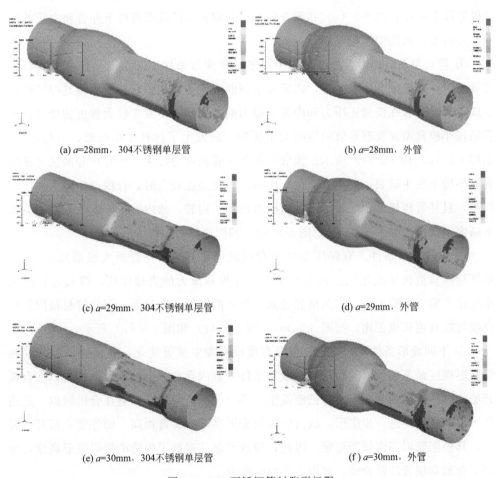

(a) $a=28$mm，304不锈钢单层管   (b) $a=28$mm，外管

(c) $a=29$mm，304不锈钢单层管   (d) $a=29$mm，外管

(e) $a=30$mm，304不锈钢单层管   (f) $a=30$mm，外管

图 5-4　304 不锈钢管材胀形极限

了严重减薄现象，但是未破裂，胀形效果很好；合模区很多区域未出现变形，且模具越大，该现象越严重。

5.3 载荷参数对金属双层管合模区成形极限的影响

5.3.1 载荷参数对管材最大胀形高度的影响

在冲击液压环境下，管材最大胀形高度作为衡量管材胀形极限的一个重要指标，受到诸多载荷参数的影响。分别设置常规成形条件、有预成形条件和有保压条件三种成形条件，建立以模具边长、合模速度和最大胀形高度为坐标系的三维胀形极限图，如图 5-5 所示。其中，图 5-5（a）和图 5-5（b）分别表示常规条件下外管和内管的极限胀形高度；图 5-5（c）和图 5-5（d）分别表示保压条件下外管和内管的极限胀形高度；图 5-5（e）和图 5-5（f）分别表示预成形条件下外管和内管的极限胀形高度。从图中不难发现：

① 模具型腔较小时，外管易发生起皱，预成形条件下甚至发生破裂；模具型腔较大时，外管成形质量欠佳，内管发生屈曲。这是因为管材在较小模具型腔作用下成形时，外管在模具正压力和内管支撑力的共同作用下发生较大程度的变形，外管因较小模具型腔没有足够的空间发生胀形，故发生了材料堆积现象，引起起皱，如图 5-5（a）和 5-5（c）所示；预成形条件下管内压力过大，外管在导向区无模包裹的环境下发生破裂，如图 5-5（e）所示。模具型腔较大时，合模产生的管内压力较小，且外管传递的合模力先于管内压力作用于内管，故内管胀形发生了屈曲，胀形高度不理想，如图 5-5（b）、图 5-5（d）和图 5-5（f）所示。

② 常规成形条件、有保压条件和有预成形条件下，外管最大胀形高度 H_{max} 始终与模具边长 a 成正比。其原因是外管受模具压力的直接作用，模具边长的大小决定了模具型腔大小，模具型腔越大，外管的胀形高度越高，因此管材极限胀形高度与模具边长成正比，如图 5-5（a）、图 5-5（c）和图 5-5（e）所示。

③ 不同成形条件下，外管的胀形高度没有发生显著变化，而预成形条件使内管胀形高度显著增加。其原因是预成形条件下管内存在一定的初始内压力，在合模开始前内外管已经贴合，内管已经发生一部分胀形，金属双层管在合模时以一定内压力为基础发生进一步胀形，故内管极限胀形高度有显著提高。而外管在模具包裹下，其极限胀形高度较为稳定。因此，预成形条件提高了内管的极限胀形高度，加强了金属双层管的贴合度，如图 5-5（f）所示。

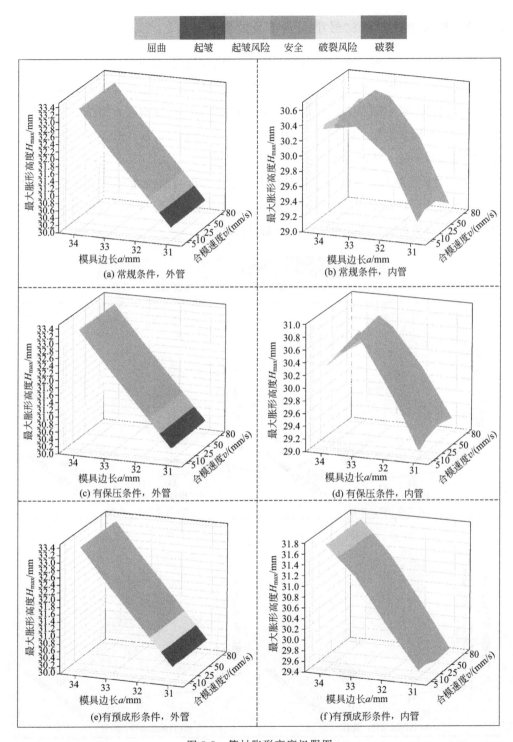

图 5-5 管材胀形高度极限图

5.3.2 载荷参数对管材最小圆角半径的影响

通过数值模拟分析，建立以模具边长、合模速度和最小圆角半径为坐标系的三维胀形极限图，如图5-6所示。其中，图5-6（a）和图5-6（b）分别表示常规条件下外管和内管的最小圆角半径；图5-6（c）和图5-6（d）分别表示保压条件下外管和内管的最小圆角半径；图5-6（e）和图5-6（f）分别表示预成形条件下外管和内管的最小圆角半径。从图中不难发现：

① 管材最小圆角半径随模具边长增大而增大，即管材圆角成形极限随模具边长减小而增加。其原因是，模具边长越小，意味着模具型腔越小，合模产生的内压力越大，导致管材成形更充分，极限圆角半径越小。

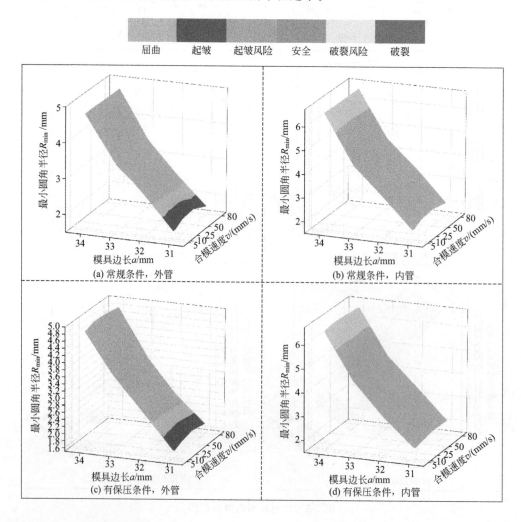

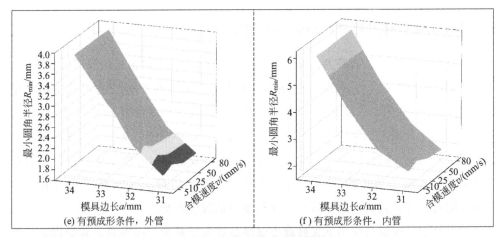

图 5-6 管材圆角半径极限图

② 通过对比常规条件、有保压条件和有预成形条件三种不同条件下成形的管材极限圆角半径可以发现，预成形条件可以进一步减小管材极限圆角半径，而对于 $a=31\text{mm}$ 模具则没有较大影响。这是因为在较小的模具型腔作用下，通过合模，管材在常规成形条件下已经能够产生较大的内压力，其圆角填充已经到达极限水平，预成形条件对于该模具型腔下圆角成形极限的提高没有作用。

③ 对比三种不同成形条件，$a=33\text{mm}$ 到 $a=34\text{mm}$ 段斜率明显大于 $a=31\text{mm}$ 到 $a=33\text{mm}$ 段，即 $a=34\text{mm}$ 模具下成形的管材极限圆角半径明显偏大，如图 5-7 所示。其原因是该模具型腔下管材成形极不充分，圆角填充情况不符合预期。

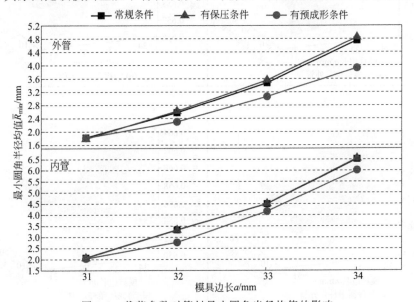

图 5-7 载荷参数对管材最小圆角半径均值的影响

5.3.3 载荷参数对管材最小壁厚的影响

建立以模具边长、合模速度和最小壁厚为坐标系的三维胀形极限图,如图 5-8 所示。其中,图 5-8(a)和图 5-8(b)分别表示常规条件下外管和内管的最小壁厚;图 5-8(c)和图 5-8(d)分别表示保压条件下外管和内管的最小壁厚;图 5-8(e)和图 5-8(f)分别表示预成形条件下外管和内管的最小壁厚。从图中不难发现:

① $a=31$mm 模具作用下,外管易发生起皱;$a=34$mm 模具作用下,内管易发生屈曲。在有效成形模具区间内,管材获得最小壁厚的成形模具尺寸在 $a=32$mm 附近,该位置成形质量较好,获得壁厚情况较理想。

② $a=34$mm 模具作用下管材最小壁厚显著大于其余三组模具。其原因是:管材在该模具作用下胀形不充分,材料没有发生很大程度的减薄,成形质量较差。

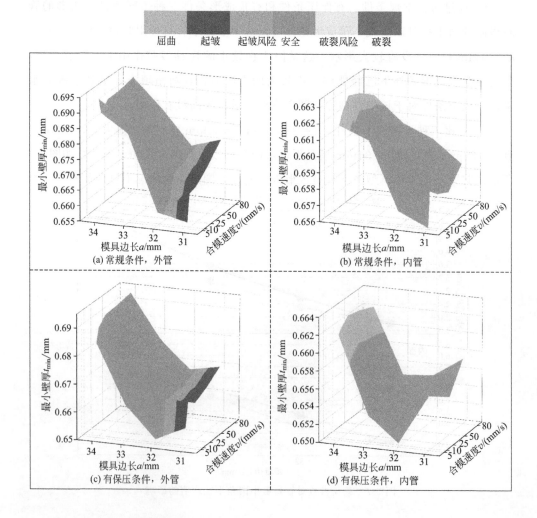

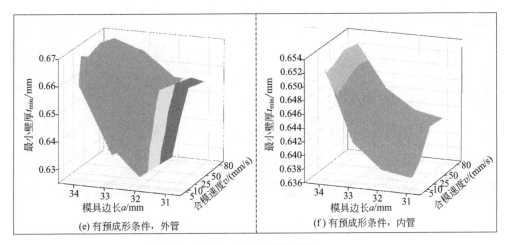

图 5-8 管材壁厚极限图

③ 对比不同成形条件，预成形条件下管材最小壁厚较常规条件有较大程度减薄，如图 5-8（e）和图 5-8（f）所示。这是因为预成形条件下管内压力较大，胀形较充分，壁厚减薄程度较大。

5.4 小结

通过对金属双层管冲击液压胀形成形极限图进行分析，得到了管材在不同模具型腔和成形条件下的成形状态，并对不同载荷参数对管材胀形极限的影响规律进行具体分析，得到结论如下：

① 使用 $a=31\text{mm}$ 模具型腔成形金属双层管时，外管易发生起皱失稳，预成形条件下甚至发生破裂，获取的管材胀形高度不够理想，圆角半径在接受范围内。

② 使用 $a=34\text{mm}$ 模具型腔成形金属双层管时，外管成形质量欠佳，内管成形极不充分且发生屈曲失效，在预成形条件下管材质量虽略有改善，内管胀形仍达不到要求，故不采用该尺寸模具。

③ 综合以上分析，确定冲击液压环境下金属双层管成形模具尺寸范围为 $a=31\text{mm}$、$a=32\text{mm}$ 和 $a=33\text{mm}$，合模速度与成形条件保持不变。

④ 三种模具和速度成形下，6010 铝合金单层管的自然胀形区都出现了破裂情况；三种模具成形下，304 不锈钢管单层管的自然胀形区都未出现破裂情况，成形性能较好，金属双层管中的内管在三种模具成形下也都出现了破裂，而外管的自然胀形区出现了严重减薄现象并未破裂。

第 6 章
金属双层管冲击液压成形优化

6.1 引言

响应面法在工程问题优化方面应用广泛,通过构建响应目标与因素之间的多项式响应面模型,能够很好地反映出影响优化目标的主次因素,从而确定多目标优化方案。本章通过 Design Expert 开展冲击液压环境下金属双层管成形参数优化设计,对影响管材成形质量的载荷参数做进一步分析,并确定最优载荷匹配关系。

6.2 工艺参数及优化目标设计

工艺参数的设置对产品成形及质量有着重要影响。在实际生产过程中,环境温度对本书所用管材成形的影响可以忽略不计,模具与管材间的摩擦也不在讨论范围内,故不予考虑。本章主要分析不同模具型腔、合模速度、预成形条件和保压条件对冲击液压载荷作用下管材成形的影响。根据第 4 章针对保压条件下管材胀形的研究发现,保压条件对管材胀形的影响并不显著,故在本章成形优化部分不予考虑。因此选取模具边长 A、合模速度 B 和初始内压力 C 作为设计参数进行优化。

优化目标需要能够直观真实地反映出产品的质量。本章采取成形复合管的壁厚方差 Y_1、最大胀形高度 Y_2 和最小圆角半径 Y_3 作为优化目标。管材壁厚方差越小,即壁厚均匀性越好,胀形高度越高,圆角半径越小,管材的成形性能越好。壁厚方差为

$$\sigma^2 = \frac{\sum (t - \bar{t})^2}{N} \tag{6-1}$$

式中 σ^2——管材壁厚方差；

t——管材中截面某采集点壁厚值；

$\bar{t}$——管材中截面壁厚均值；

N——管材中截面采集点个数。

6.3 响应面模型的设计

6.3.1 响应面模型的建立

加载路径是管材液压胀形过程中一项重要的影响因素，不合适的加载路径可能会导致材料失效的产生。因此，载荷参数的耦合需要谨慎设置。根据第 5 章管材冲击液压胀形极限分析结论，将模具边长设为 A，其范围是 31~33mm；合模速度设为 B，其范围是 5~80mm/s；初始内压力设为 C，其范围是 0~8.567MPa。各设计变量水平值与编码值如表 6-1 所示。

表 6-1 设计变量水平值与编码值

因素	水平		
	−1	0	+1
模具边长 A/mm	31	32	33
合模速度 B/(mm/s)	5	25	80
初始内压力 C/MPa	0	4.284	8.567

由于因素水平较少，故采用 BBD 试验设计开展方案寻优，建立 3 因素 3 水平金属双层管冲击液压胀形工艺参数优化的试验方案。首先针对外管进行优化分析，基于表 6-1 中的 3 个参数展开设计并得到 17 组试验方案，通过数值模拟分析得到各方案的响应目标，结果如表 6-2 所示。

表 6-2 BBD 试验方案及响应目标

序号	因素			响应		
	模具边长 A/mm	合模速度 B/(mm/s)	初始内压力 C/MPa	壁厚方差 Y_1/mm²	最大胀形高度 Y_2/mm	最小圆角半径 Y_3/mm
1	33	25	8.567	1.25×10^{-4}	32.349	3.022
2	32	5	0	1.21×10^{-4}	31.331	2.690
3	33	80	4.284	4.19×10^{-5}	32.318	3.214
4	32	25	4.284	9.18×10^{-5}	31.342	2.434

续表

序号	因素			响应		
	模具边长 A/mm	合模速度 B/(mm/s)	初始内压力 C/MPa	壁厚方差 Y_1/mm^2	最大胀形高度 Y_2/mm	最小圆角半径 Y_3/mm
5	32	25	4.284	9.18×10^{-5}	31.342	2.434
6	32	25	4.284	9.18×10^{-5}	31.342	2.434
7	31	25	0	1.77×10^{-4}	30.353	1.904
8	33	25	0	2.19×10^{-5}	32.296	3.536
9	32	80	8.567	1.26×10^{-4}	31.368	2.189
10	32	5	8.567	2.04×10^{-4}	31.366	2.328
11	32	25	4.284	9.18×10^{-5}	31.342	2.434
12	31	25	8.567	2.07×10^{-4}	30.391	1.903
13	33	5	4.284	1.02×10^{-4}	32.309	3.392
14	32	80	0	7.46×10^{-5}	31.332	2.511
15	32	25	4.284	9.18×10^{-5}	31.342	2.434
16	31	5	4.284	2.98×10^{-4}	30.372	1.800
17	31	80	4.284	3.17×10^{-4}	30.371	1.730

考虑到冲击液压胀形影响因素比较复杂，根据管材壁厚方差、胀形高度和圆角半径，决定采用二阶多项式模型拟合目标函数关系，对于三因素试验，多项式模型如下：

$$y = \beta_0 + \beta_1 x_1 + \beta_2 x_2 + \beta_3 x_3 + \beta_4 x_1^2 + \beta_5 x_2^2 + \beta_6 x_3^2 + \beta_7 x_1 x_2 + \beta_8 x_1 x_3 + \beta x_2 x_3 \tag{6-2}$$

根据表 6-2 的模拟结果，由式（6-2）进行回归分析，得到拟合的二阶多项式响应面模型如式（6-3）～式（6-5）所示，分别为外管壁厚方差 Y_1、最大胀形高度 Y_2 和最小圆角半径 Y_3 的响应面函数关系。

$$Y_1 = (+6.600 - 9.540A - 2.066B + 3.181C - 3.017AB + 1.830AC \\ - 0.707BC + 4.965A^2 + 7.398B^2 - 0.870C^2) \times 10^{-5} \tag{6-3}$$

$$Y_2 = +31.35 + 0.97A + 1.574 \times 10^{-3}B + 0.02C \tag{6-4}$$

$$Y_3 = +2.4 + 0.73A - 0.071B - 0.15C - 7.252 \times 10^{-3}AB - 0.13AC \\ + 1.278 \times 10^{-4}BC + 0.13A^2 + 2.738 \times 10^{-3}B^2 + 0.026C^2 \tag{6-5}$$

6.3.2 响应面模型的验证

为了验证模型的预测能力，图 6-1 分别是外管壁厚方差、最大胀形高度和最小圆角半径残差正态概率分布图，数据点分布在图中直线两侧，表明模型良好。残差与预测值的分布图（图 6-2）中数据点无规律散落分布在坐标平面内，符合预期。图 6-3 是预测值与实际值的离散对比图，图中预测值与实际值较均匀地分布在直线附近，两者较为接近。因此，采用以上响应面模型对目标进行评估和预测是可靠的。

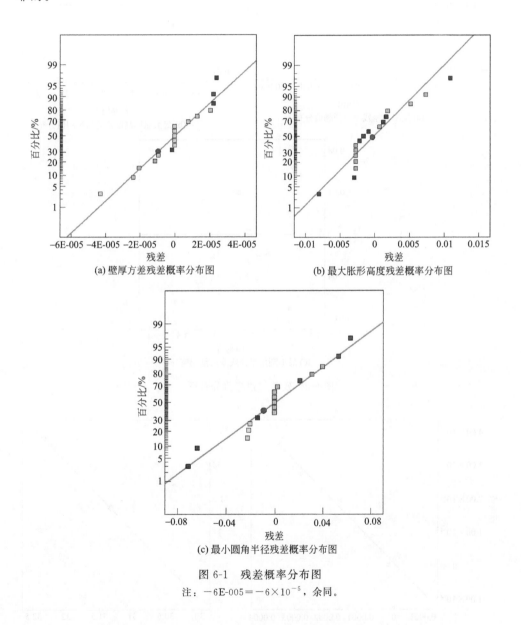

(a) 壁厚方差残差概率分布图

(b) 最大胀形高度残差概率分布图

(c) 最小圆角半径残差概率分布图

图 6-1　残差概率分布图

注：$-6\mathrm{E}{-}005 = -6 \times 10^{-5}$，余同。

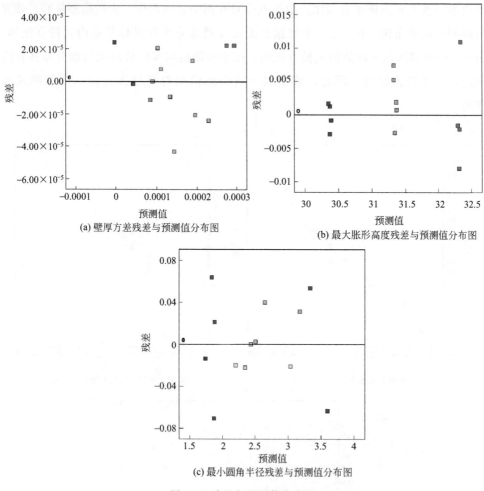

图 6-2 残差与预测值分布图

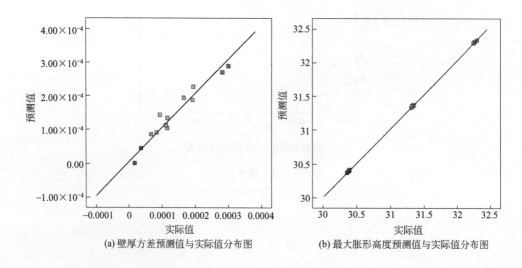

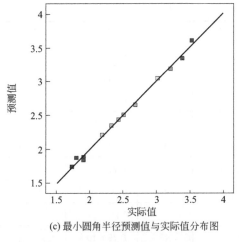

(c) 最小圆角半径预测值与实际值分布图

图 6-3　预测值与实际值分布图

6.4　响应面模型的分析

6.4.1　方差分析

为了评价所得到的响应面模型的显著性和可靠性，通过方差分析的方法对模型进行验证。采用最小二乘法对数据进行拟合处理，得到外管壁厚方差、最大胀形高度和最小圆角半径的方差分析，分析结果如表 6-3～表 6-5 所示。从表中可以发现，针对三个响应目标的响应面模型的负相关系数 R^2、修正系数 R^2_{adj}、预测系数 R^2_{pred} 都很好地接近于 1，说明建立的响应面模型具有非常高的可信度。三个模型的信噪比均大于 4，说明模型分辨能力好。将置信水平确定为 95%，当 $p \leqslant 0.05$ 时，说明对应因素对模型的响应显著。从表中不难看出，所建立的响应面模型有较好的适应度。基于 F 值可以发现，载荷参数对壁厚方差影响的主次顺序依次是：初始内压力、合模速度、模具边长；对最大胀形高度影响的主次顺序依次是：模具边长、初始内压力、合模速度；对最小圆角半径影响的主次顺序依次是：模具边长、初始内压力、合模速度。

表 6-3　壁厚方差的方差分析表

方差来源	平方和	自由度	均方值	F 值	p 值	显著性
回归模型	1.02×10^{-7}	9	1.13×10^{-8}	15.04	0.0009	显著
模具边长 A	6.63×10^{-8}	1	6.63×10^{-8}	88.17	<0.0001	显著
合模速度 B	3.41×10^{-9}	1	3.41×10^{-9}	4.54	0.0406	显著

续表

方差来源	平方和	自由度	均方值	F 值	p 值	显著性
初始内压力 C	7.37×10^{-9}	1	7.37×10^{-9}	9.80	0.0166	显著
AB	4.04×10^{-9}	1	4.04×10^{-9}	5.37	0.0436	显著
AC	1.34×10^{-9}	1	1.34×10^{-9}	1.78	0.2237	不显著
BC	2.22×10^{-10}	1	2.22×10^{-10}	0.30	0.6037	不显著
A^2	1.04×10^{-8}	1	1.04×10^{-8}	13.81	0.0075	显著
B^2	1.27×10^{-8}	1	1.27×10^{-8}	16.83	0.0046	显著
C^2	3.19×10^{-10}	1	3.19×10^{-10}	0.42	0.5357	不显著
残差	5.26×10^{-9}	7	7.52×10^{-10}	—	—	—
失拟度	5.26×10^{-9}	3	1.75×10^{-9}	—	—	—
纯误差	0	4	0	—	—	—
总和	1.07×10^{-7}	16	—	—	—	—

$R^2 = 0.9508$, $R^2_{\text{adj}} = 0.8876$, $R^2_{\text{pred}} = 0.7880$, adeq precision $= 14.102$

表 6-4 最大胀形高度的方差分析表

方差来源	平方和	自由度	均方值	F 值	p 值	显著性
回归模型	7.58	3	2.53	1.01×10^5	<0.0001	显著
模具边长 A	7.58	1	7.58	3.02×10^5	<0.0001	显著
合模速度 B	2.21×10^{-5}	1	2.21×10^{-5}	0.88	0.3650	不显著
初始内压力 C	3.28×10^{-3}	1	3.28×10^{-3}	130.74	<0.0001	显著
残差	3.26×10^{-4}	13	2.51×10^{-5}	—	—	—
失拟度	3.26×10^{-4}	9	3.63×10^{-5}	—	—	—
纯误差	0	4	0	—	—	—
总和	7.58	16	—	—	—	—

$R^2 = 1.0000$, $R^2_{\text{adj}} = 0.9999$, $R^2_{\text{pred}} = 0.9999$, adeq precision $= 817.498$

表 6-5 最小圆角半径的方差分析表

方差来源	平方和	自由度	均方值	F 值	p 值	显著性
回归模型	4.61	9	0.51	175.13	<0.0001	显著
模具边长 A	3.85	1	3.85	1315.57	<0.0001	显著
合模速度 B	0.04	1	0.04	13.69	0.0076	显著
初始内压力 C	0.16	1	0.16	55.94	0.0001	显著
AB	2.33×10^{-4}	1	2.33×10^{-4}	0.08	0.7858	不显著

续表

方差来源	平方和	自由度	均方值	F 值	p 值	显著性
AC	0.066	1	0.066	22.5	0.0021	显著
BC	7.24×10^{-8}	1	7.24×10^{-8}	2.48×10^{-5}	0.9962	不显著
A^2	0.072	1	0.072	24.66	0.0016	显著
B^2	1.73×10^{-5}	1	1.73×10^{-5}	5.93×10^{-3}	0.9408	不显著
C^2	2.93×10^{-3}	1	2.93×10^{-3}	1	0.3502	不显著
残差	0.02	7	2.92×10^{-3}	—	—	—
失拟度	0.02	3	6.82×10^{-3}	—	—	—
纯误差	0.000	4	0.000	—	—	—
总和	4.63	16	—	—	—	—

$R^2 = 0.9956$, $R^2_{adj} = 0.9899$, $R^2_{pred} = 0.9322$, adeq precision $= 44.743$

6.4.2 响应面分析

为了直观地表现不同设计因素对响应目标的影响程度，将设计因素的取值线性投射到设计区间，图 6-4 给出了参考点附近各因素对不同响应目标的影响曲线。其中，对于壁厚方差影响最大的设计因素是模具边长，其次是合模速度，最后是初始内压力。壁厚方差随模具边长增大而减小，即模具边长越大，管材壁厚均匀性越好；随着合模速度增加，壁厚方差先变小后变大，即过大或过小的合模速度均会使壁厚均匀性变差；壁厚均匀性与初始内压力成反比，常规条件下壁厚均匀性较有预成形条件下好。对最大胀形高度影响最大的设计因素是模具边长，两者成线性正比关系，合模速度和预成形对其作用很小。最小圆角半径情况与最大胀形高度情况类似，影响最显著的是模具边长，其余两个因素影响较小。

为了更好地分析金属双层管冲击液压胀形过程中载荷参数对各响应目标的影响，使用三维响应面图和二维等高线图设计了优化目标与变量之间的关系。图 6-5 为合模速度与初始内压力对管材壁厚均匀性交互影响的响应面分析，从图 6-5（a）响应面图不难发现，合模速度过大或过小会加剧管材壁厚分布不均匀性。通过图 6-5（b）等高线图可以观察到，在相同合模速度下，模具边长越大，壁厚方差越小，壁厚分布均匀性越好。

图 6-6 为模具边长与合模速度对最大胀形高度交互影响的响应面分析，可以发现，最大胀形高度与模具边长成正比，不同合模速度对胀形高度的影响并不显著，也证明了模具边长是影响管材胀形高度的主要参数。

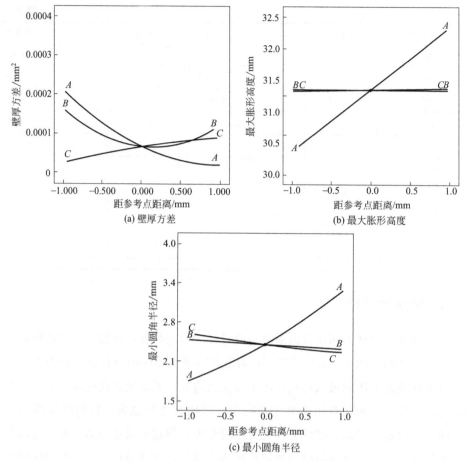

图 6-4 参考点附近各因素对响应目标的影响

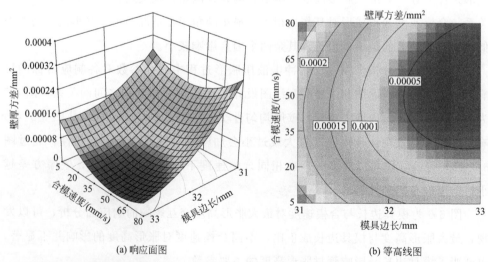

图 6-5 合模速度与模具边长交互作用下壁厚均匀性的响应面分析（$P_0 = 4.2835\text{MPa}$）

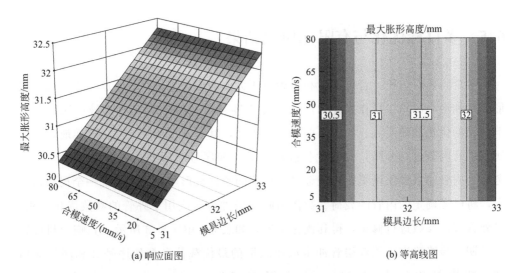

图 6-6　模具边长与合模速度交互作用下最大胀形高度的响应面分析（$P_0=8.567\text{MPa}$）

图 6-7 为模具边长与初始内压力对最小圆角半径交互影响的响应面分析，随着模具边长的减小，管坯型腔体积压缩量增加，因此导致型腔内液体压力增大，管材圆角半径减小；随着初始内压力的增大，在相同体积压缩量的条件下，成形结束时内压力也更大，管材成形更充分，故圆角半径减小。当模具边长取最小（$a=31\text{mm}$）、初始内压力最大（$P_0=8.567\text{MPa}$）时，管材圆角半径达到最小。

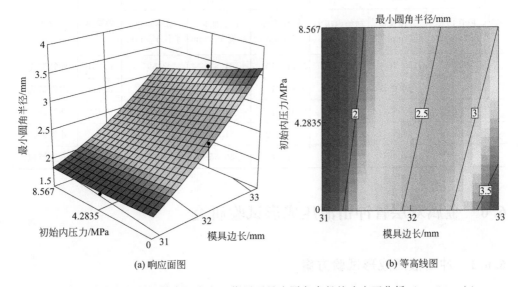

图 6-7　模具边长与初始内压力交互作用下最小圆角半径的响应面分析（$v=5\text{mm/s}$）

6.5 多目标优化与有限元模拟结果

本章将模具边长、合模速度和初始内压力作为设计变量,将壁厚方差、最大胀形高度和最小圆角半径作为优化目标,通过 Design Expert 得到冲击液压胀形环境下外管的优化载荷参数,如表 6-6 序号 1 所列,其满意度为 0.501。同样地,对金属双层管内管进行分析,得到优化载荷参数,如序号 2 所列,其满意度为 0.411。考虑到内管的成形质量更能体现金属双层管的整体成形质量,为了统一全局载荷参数,将已经确定的内管的载荷参数作为限定条件再次应用于外管的参数优化分析,对外管载荷参数进行修正,得到优化结果,如表 6-6 中序号 3 所示,其响应目标符合预期。最终确定金属双层管冲击液压胀形的最优载荷参数如序号 2 和序号 3 所列,即模具边长为 32.248mm,合模速度为 48.651mm/s,初始内压力为 8.567MPa。通过 ANSYS Workbench 和 DYNAFORM 联合仿真,得到外管和内管的数值模拟结果分别如表 6-6 序号 4 和序号 5 所列。其中,外管 Y_1、Y_2 和 Y_3 的模拟分析结果与响应曲面结果误差分别为 4.47%、0.34% 和 1.20%,内管 Y_1、Y_2 和 Y_3 的数值模拟结果与响应面优化结果误差分别为 4.05%、0.41% 和 1.09%。

表 6-6 响应面优化结果与数值模拟结果

序号	因素			目标			满意度	备注
	模具边长 A/mm	合模速度 B/(mm/s)	初始内压力 C/MPa	壁厚方差 Y_1/mm²	最大胀形高度 Y_2/mm	最小圆角半径 Y_3/mm		
1	32.529	58.660	8.567	$5.71×10^{-5}$	31.881	2.598	0.501	外管最优
2	32.248	48.651	8.567	$2.22×10^{-5}$	30.483	3.118	0.411	内管最优
3	32.248	48.651	8.567	$6.93×10^{-5}$	31.607	2.422	0.489	外管修正
4	32.248	48.651	8.567	$7.24×10^{-5}$	31.715	2.451	—	外管模拟
5	32.248	48.651	8.567	$2.31×10^{-5}$	30.358	3.152	—	内管模拟

6.6 金属双层管冲击液压成形试验研究

6.6.1 冲击液压成形试验方案

(1) 试验管材

本文内外管均采用 304 不锈钢材料进行试验,管材几何参数如表 6-7 所示,其主要力学性能为：抗拉强度 $\sigma_b \geqslant 520$MPa，$\sigma_s \geqslant 205$MPa，延伸率 $d \geqslant 30\%$。

表 6-7 试验管材几何参数

内/外管	材料	长度/mm	外径/mm	壁厚/mm	胀形区长度/mm
外管	304	120	38	0.7	60
内管	304	122	36	0.7	60

（2）试验方案

采用不同尺寸的模具（模具边长分别为 $a=32$mm 和 $a=33$mm）在不同合模速度（5mm/s 和 50mm/s）下进行冲击液压胀形试验，试验方案如表 6-8 所示。

表 6-8 冲击液压胀形试验方案

序号	模具边长 a/mm	合模速度 v/(mm/s)	成形条件	拟获参数
1	32	5 50	常规 预成形 保压	胀形高度 圆角半径 壁厚分布
2	33	5 50	常规 预成形 保压	

6.6.2 试验结果与讨论

如图 6-8 所示为模具边长 $a=32$mm 和 $a=33$mm 条件下试验得到的管件，获取管材在不同成形条件下的几何参数，包括胀形高度 H_1 和 H_2，圆角填充半径 $R_1 \sim R_4$、壁厚分布 t，其尺寸示意图如图 6-9 所示。

图 6-8 试验成形管件

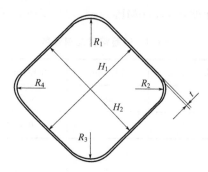

图 6-9　金属双层管几何尺寸示意图

（1）不同载荷参数下管材胀形高度分析与讨论

如图 6-10 所示为金属双层管在不同模具型腔、合模速度和成形条件下获取的胀形高度。图中 H_1 和 H_2 分别表示管材在不同方向上的胀形高度。从图中不难发现：

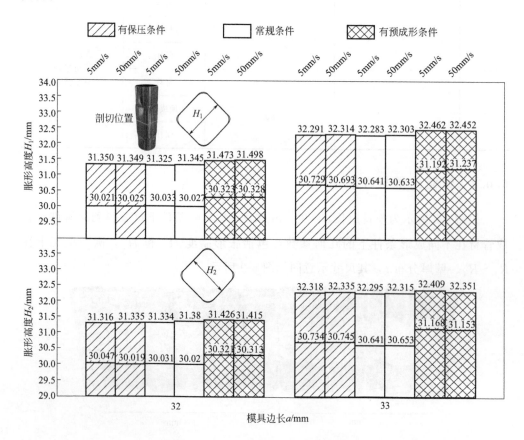

图 6-10　不同载荷参数下管材胀形高度

① 在相同模具型腔、不同合模速度下成形的管材胀形高度具有较好的一致性，而相同合模速度、不同模具型腔下成形的管材胀形高度随模具边长增加而增加，说明模具型腔及其产生的内压力是影响管材胀形高度的主要因素，合模速度对其影响较小。同时，试验测得的管材胀形高度数据与 4.2.1 节部分数值模拟结果吻合较好，偏差在 7% 以内。

② 金属双层管在常规条件和有保压条件下获得的胀形高度具有较好的一致性，相同条件下胀形高度 H_1 和 H_2 一致性较好。这是因为保压对管材胀形高度没有显著影响，且由于模具截面为正方形，因此胀形高度 H_1 和 H_2 一致性较好。

③ 有预成形条件下，管材胀形高度较常规和有保压条件略高，其中内管显著，外管细微。其原因是，预成形条件下内管发生了更大程度的胀形，其胀形高度也随之增加，外管因模具包裹其胀形空间有限。

(2) 不同载荷参数下管材圆角半径分析与讨论

采用半径规对冲击液压胀形结束后的金属双层管圆角进行测量，得到的不同载荷条件下管材不同位置的圆角半径如图 6-11 所示，从图中可以发现：

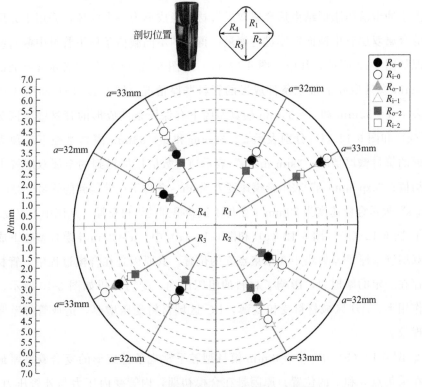

图 6-11　不同载荷参数下管材圆角半径

① 相同模具型腔、相同成形条件下，管材圆角半径 R_1 与 R_3、R_2 与 R_4 具有较好的一致性，且 R_1 与 R_3 明显大于 R_2 与 R_4。例如 $a=32\text{mm}$、常规条件、不同合模速度下成形的金属双层管外管圆角半径均值 $\bar{R}_1$ 和 $\bar{R}_3$ 分别为 3.6mm 和 3.5mm，圆角半径 $\bar{R}_2$ 和 $\bar{R}_4$ 分别为 2.9mm 和 3.0mm。其原因是管材在成形过程中受到模具对其产生的摩擦力作用，致使其不同位置圆角分布呈现不一致情况。本规律与 4.2.2 部分数值模拟结果一致性较好，圆角半径偏差在 15% 以内，比较符合预期。

② 保压条件对管材圆角半径影响不大，预成形条件使管材圆角半径明显减小。根据管材冲击液压胀形规律不难发现，内压力是影响管材成形质量的主要因素。预成形条件下管材具有一定的初始内压力，成形过程中产生的内压力也更大，致使管材圆角填充更充分，圆角半径更小。

③ 相同成形条件下，$a=33\text{mm}$ 模具作用下获得的管材圆角半径较 $a=32\text{mm}$ 更大。这是因为较小模具型腔下管材成形产生的内压力更大，管材胀形因此更充分，获得的圆角半径更小。

（3）不同载荷参数下管材壁厚分布分析与讨论

由于冲击液压胀形结束后金属双层管材已经成形为一个整体，采用千分尺对成形后的金属双层管中截面壁厚进行测量，得到的不同载荷条件下管材中截面壁厚分布情况如图 6-12 所示，其中，图 6-12（a）和图 6-12（b）分别表示 $a=32\text{mm}$ 和 $a=33\text{mm}$ 模具型腔下常规条件成形的管材壁厚情况；图 6-12（c）和图 6-12（d）分别表示 $a=32\text{mm}$ 和 $a=33\text{mm}$ 模具型腔下有保压条件成形的管材壁厚情况；图 6-12（e）和图 6-12（f）分别表示 $a=32\text{mm}$ 和 $a=33\text{mm}$ 模具型腔下有预成形条件成形的管材壁厚情况；"sim-mean" 表示通过数值模拟得到的金属双层管中截面壁厚均值；"exp-5mm/s" 表示合模速度为 5mm/s 条件下试验得到的管材壁厚；"exp-50mm/s" 表示合模速度为 50mm/s 条件下试验得到的管材壁厚。从图中不难发现：

① 图 6-12（a）、图 6-12（c）和图 6-12（e）中，$a=32\text{mm}$ 模具型腔下成形的金属双层管壁厚最厚处集中在采集点 5 的位置。其原因是在合模过程中，管材与模具间存在一定的摩擦力，影响了材料的组织流动，受力分析如图 3-10 所示。在摩擦的作用下，AB 区域材料受拉变薄，BC 区域材料受压增厚，造成管材壁厚分布不均现象。

② 图 6-12（b）中，$a=33\text{mm}$ 模具型腔下常规条件成形的复合管壁厚最薄处出现在采集点 3 和 7 的位置。原因是在合模初期，内管受内压力与外管压力作用，其直边部分先于圆角部分与外管发生接触，随着模具闭合和内压力升高，内管圆角

处开始逐渐填充外管，此时在内管与外管的摩擦作用下，直边中部材料向两端流动，故采集点 3 和 7 处壁厚较薄。

③ 试验得到的金属双层管壁厚分布情况与数值模拟结果具有较好的一致性，最大误差在 9% 以内。误差主要包括测量误差和数值模拟设定的理想条件与实际试验条件间的差距。

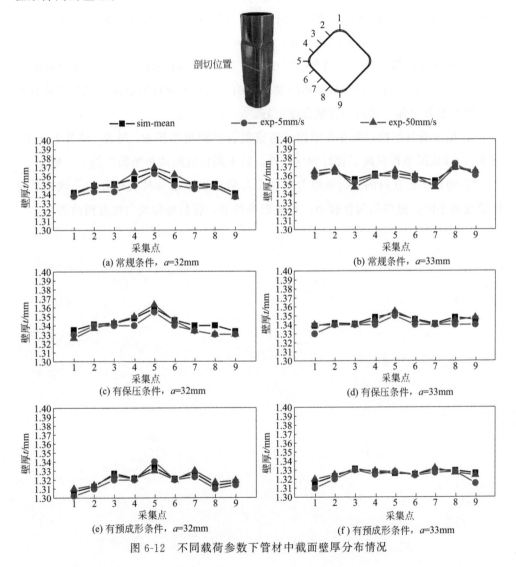

图 6-12　不同载荷参数下管材中截面壁厚分布情况

6.7　小结

本章结合响应面法和数值模拟，选取壁厚方差、胀形高度和圆角半径作为优化目标,模具边长、合模速度和初始内压力作为优化参数,建立了优化目标和优化参数的响应曲面模型,获得了较为理想的载荷参数匹配关系。经过修正,确定了最终优化结果,并通过数值模拟验证了响应面优化结果的可靠性,证明了该响应面模型对冲击液压胀形环境下金属双层管工艺参数优化的有效性。

在数值模拟分析的基础上,开展了金属双层管冲击液压胀形试验研究,采用 $a=32\text{mm}$ 和 $a=33\text{mm}$ 模具型腔、两种不同的冲击速度以及有无预成形保压条件进行了管材胀形试验,得到结论如下:

① 在相同模具型腔、不同合模速度下,金属双层管的胀形高度具有较好的一致性,反映出合模速度对管材胀形高度的影响不大;有预成形条件下成形的管材胀形高度有显著增加,且内外管贴合度更好。

② 由于管材与模具间存在摩擦,造成复合管圆角半径 R_1 与 R_3 显著大于 R_2 与 R_4;预成形条件提高了管材的填充性,且不同位置的圆角半径值趋于一致。

③ 通过试验获得的管材壁厚分布情况与数值模拟结果具有较好的一致性,合模速度较小时,壁厚均匀性较差;预成形条件下,管材壁厚均匀性有所改善。

第 7 章
总　结

在现代制造业领域中，结构轻量化、低成本、低能耗、综合性能较优的金属双层管已是目前主流趋势。但如今金属双层管成形依然必须依靠复杂且昂贵的供液系统，此外，成形工艺复杂且成形效率低也一直是金属双层管发展的障碍。因此，在此形势下，为扫除金属双层管的发展障碍，国内外许多学者都致力于研究各种有效的成形方法解决此问题。本书根据金属双层管复合成形原理，并结合目前国内外对金属双层管液压成形状况，提出一种自适应成形方法——"金属双层管冲击液压成形"，该方法可有效地使内外管紧密贴合，同时又极大地提高了成形效率，降低成本。本书根据此成形法，从数学理论模型推导、有限元模拟仿真、试验求证等几方面验证了金属双层管成形的可行性，具体研究内容如下：

① 提出了一种新型复合管成形方法——金属双层管冲击液压成形。在冲压成形和液压胀形的基础上，提出了一种新的双层管复合成形方法，该方法是一种极具发展潜力的先进、实用的成形技术。为了研究该方法下的金属双层管成形的液压力形成机理，通过理论分析获得了不同间隙下的金属双层管预成形时所需液压力大小，并通过理论推导得出有无预成形下的金属双层管冲击液压力成形机理；对金属双层管成形过程进行了受力分析，基于各个阶段的力学行为构建了相关的数学模型，并针对管材不同成形阶段的应力应变情况构建了相关的数学模型；通过对金属双层管不同成形阶段进行受力分析，构建了内外管之间的接触压力数学模型和卸载液压力之后内外管之间残余接触压力数学模型，并基于残余接触压力公式构建了各个阶段内外管壁的残余应力应变数学模型；利用有限元 ANSYS Workbench 模拟分析不同成形参数对金属双层管的复合成形与液压力的影响，模拟导出的液压力与时间值和理论模型分析值对比发现，两者误差处于合理范围。

② 研究了冲击载荷下金属薄壁管液压成形时动态塑性本构关系。通过对现有

金属薄壁管本构关系构建方法的研究与分析，结合液压胀形的成形特点，提出了基于数字散斑相关法在线、全场、非接触式的新型塑性本构关系，同时为实现对单根管坯进行在线、全场、非接触式数据采集设计了一套操作便捷、结构简单的试验装置；根据冲击液压胀形的成形特点，结合当前管材液压胀形数值模拟的主流技术，提出了金属薄壁管冲击液压胀形瞬态动力学数值模拟（ANSYS Workbench）和成形过程数值模拟（DYNAFORM）相结合的模拟方法，根据模拟结果的最大胀形高度与试验的结果对比，可以定量地得出 J-C 本构模型最大误差范围在 7.43% 以内，F-B 本构模型最大误差范围在 8.65% 以内，表明 J-C 本构模型具有较高的精度，能更准确地预测管材的塑性变形行为；根据验证结果，线性回归法确定的本构模型误差均大于遗传算法确定的本构模型的误差，表明遗传算法具有稳定且快速收敛的优点，能够在变量空间中找出包含最优解和极值的单峰值区域并搜索最优解，在拟合复杂目标函数时具有明显优势，此外，随着冲击速度的提高，仿真结果的误差逐渐减小，表明确定的动态塑性本构关系适应于冲击速度较大的管材液压成形。

③ 开展了不同载荷条件下金属双层管的成形规律的研究。根据金属双层管冲击液压胀形的成形特点，对金属双层管冲击液压胀形模拟过程展开了详细阐述，重点分析了不同载荷条件下金属双层管的成形规律，主要结论为：在相同模具型腔，不同合模速度下成形的管材胀形高度 H_1 与 H_2 具有较好的一致性，圆角半径 R_1 与 R_3、R_2 与 R_4 具有较好的一致性，管材截面水平方向与竖直方向圆角半径存在明显差异，壁厚分布具有较好的一致性；管材胀形高度、圆角半径、内外管间距及壁厚分布均匀性均与模具型腔大小成正比；预成形条件下管材胀形高度较常规条件略高，圆角半径有所减小，壁厚较常规条件明显减薄；相同速度和相同模具情况下，内管的径向应力应变和周向应力应变都比 AA6010 单层管的径向应力应变和周向应力应变要大，外管的径向应力应变和周向应力应变也比 SS304 单层管的径向应力应变和周向应力应变要大；随着速度的增大，模具为 28mm 的内外管径向应力，都会出现先增大后减小的现象，其拐点速度为 50mm/s，模具为 29mm 的内外管径向应力都会逐渐增大，而且速度为 50mm/s 与速度为 30mm/s 的内外管径向应力平均数值相差较大，模具为 30mm 的内外管径向应力都会出现先减小后增大的现象，其拐点速度为 30mm/s；相同模具情况下，随着速度的增大，模具为 28mm 和 29mm 的内管周向应力会先增大后减小，而模具为 30mm 的内管周向应力会先减小后增大，速度为 50mm/s 是三种模具成形下的拐点；相同模具情况下，随着速度的增大，模具为 28mm 的外管周向应力，会出现先增大后减小的现象，其拐点速度为 50mm/s，模具为 29mm 的外管周向应力会逐渐增大，而且速度为

50mm/s 与速度为 30mm/s 的周向应力数值平均相差约 100MPa，模具为 30mm 的外管周向应力会出现先减小后增大的现象，其拐点速度为 50mm/s，外管周向应力与双金属复合管径向应力的变化规律类似；相同模具情况下，随着速度增大，模具为 28mm 和 29mm 的内外管径向应变都会逐渐增大，而模具为 30mm 的内外管径向应变都会先减小后增大，其拐点速度为 50mm/s；相同模具情况下，随着速度的增大，模具为 30mm 的内外管周向应变都会逐渐减小，而模具为 28mm 和 29mm 的内外管周向应变数值相差很小，一致性较好；相同速度下，随着模具的增大，外管的径向应力应变和周向应力应变都会逐渐变小，而模具边长与内管的径向应力应变和周向应力应变没有明显联系。

④ 开展了金属双层管冲击液压成形极限的研究。通过对金属双层管冲击液压胀形成形极限图进行分析，得到了管材在不同模具型腔和成形条件下的成形状态，并对不同载荷参数对管材胀形极限的影响规律进行具体分析，得到结论如下：使用 $a=31$mm 模具型腔成形金属双层管时，外管易发生起皱失稳，预成形条件下甚至发生破裂，获取的管材胀形高度不够理想，圆角半径在接受范围内；使用 $a=34$mm 模具型腔成形金属双层管时，外管成形质量欠佳，内管成形极不充分且发生屈曲失效，在预成形条件下管材质量虽略有改善，内管胀形仍达不到要求，故不采用该尺寸模具；综合以上分析，确定冲击液压环境下金属双层管成形模具尺寸范围为 $a=31$mm、$a=32$mm 和 $a=33$mm，合模速度与成形条件保持不变；三种模具和速度成形下，6010 铝合金单层管的自然胀形区都出现了破裂情况；三种模具成形下，304 不锈钢单层管的自然胀形区都未出现破裂情况，成形性能较好；双金属复合管中的内管在三种模具成形下也都出现了破裂，而外管的自然胀形区出现了严重减薄现象并未破裂。

⑤ 利用响应面法开展了金属双层管冲击液压成形参数的优化。结合响应面法和数值模拟，选取壁厚方差、胀形高度和圆角半径作为优化目标，模具边长、合模速度和初始内压力作为优化参数，建立了优化目标和优化参数的响应曲面模型，获得了较为理想的载荷参数匹配关系。经过修正，确定了最终优化结果，并通过数值模拟验证了响应面优化结果的可靠性，证明了该响应面模型对冲击液压胀形环境下金属双层管工艺参数优化的有效性。在数值模拟分析的基础上，开展了金属双层管冲击液压胀形试验研究，采用 $a=32$mm 和 $a=3$mm 模具型腔、两种不同的冲击速度以及有无预成形保压条件进行了管材胀形试验，得到结论如下：在相同模具型腔、不同合模速度下，金属双层管的胀形高度具有较好的一致性，反映出合模速度对管材胀形高度的影响不大；有预成形条件下，成形的管材胀形高度显著增加，且

内外管贴合度更好；由于管材与模具间存在摩擦，造成复合管圆角半径 R_1 与 R_3 显著大于 R_2 与 R_4；预成形条件提高了管材的填充性，且不同位置的圆角半径值趋于一致；通过试验获得的管材壁厚分布情况与数值模拟结果具有较好的一致性，合模速度较小时壁厚均匀性较差，预成形条件下管材壁厚均匀性有所改善。

参 考 文 献

[1] Feng B, Feng X, Yan C, et al. On the Rule of Mixtures for Bimetal Composites without Bonding[J]. Journal of Magnesium and Alloys, 2020, 8(4): 1253-1261.

[2] 王永飞, 赵升吨, 张晨阳. 双金属复合管成形工艺研究现状及发展[J]. 锻压装备与制造技术, 2015, 50(003): 84-89.

[3] 凌星中. 内复合双金属管制造技术[J]. 焊管, 2001(02): 43-46, 62.

[4] 巩国平. 双金属复合管的挤压生产工艺[J]. 钢管, 2014, 43(2): 36-40.

[5] 闫可安, 许天旱, 韩礼红, 等. 双金属复合管的研究现状与发展趋势[J]. 化工技术与开发, 2020, 49(10): 45-50.

[6] 晋军辉. 内覆不锈钢-碳钢双金属管内压扩散复合的研究[D]. 大连: 大连交通大学, 2004.

[7] 裴蒙蒙, 齐会萍, 秦芳诚, 等. 双金属复合环形构件制造技术研究进展[J]. 铸造技术, 2021, 42(01): 53-60.

[8] 谷霞, 秦建平, 张文慈. 双金属复合管滚压塑性成形工艺及试验研究[J]. 中国重型装备, 2011(03): 41-43.

[9] 李文武, 曹志锡. 双金属复合管滚压复合成形的力学计算[J]. 浙江工业大学学报, 2011, 39(03): 304-307.

[10] 周飞宇. 双层金属复合管液压成形工艺研究[D]. 南京: 南京航空航天大学, 2014.

[11] 袁其炜. 不锈钢基双金属管旋压复合成形工艺及性能研究[D]. 南京: 南京航空航天大学, 2019.

[12] 刘胜杰, 张彦敏. T型管轴压胀形的数值模拟研究[J]. 热加工工艺, 2014, 43(1): 160-162.

[13] 邓洋, 杨连发. 径压胀形中管材的填充性及成形性分析[J]. 机械工程与自动化, 2006(05): 83-86.

[14] Nikhare C, Weiss M, Hodgson P D. Crash Investigation of Side Intrusion Beam During High and Low Pressure Tube Hydroforming: TUBEHYDRO 2009: Proceedings of the 2009 International Conference of Tube Hydroforming conference, Taiwan, 2009[C]. Taiwan: TUBEHYDRO, 2009.

[15] Nikhare C, Weiss M, Hodgson P D. Numerical Investigation of High and Low Pressure Tube Hydroforming: NUMISHEET 2008: International Conference and Workshop on Numerical Simulation of 3D Sheet Metal Forming Processes, Switzerland, 2008[C]. Switzerland: Institute of Virtual Manufacturing, 2008.

[16] Nikhare C, Weiss M, Hodgson P D. Experimental and Numerical Investigation of Low Pressure Tube Hydroforming on 409 Stainless Steel[J]. Memoirs of the Faculty of Integrated Arts & Sciences Hiroshima University IV Science Reports Studies of Fundamental & Environmental Sciences, 2008, 23(8): 65-74.

[17] Nikhare C, Weiss M, Hodgson P D. FEA Comparison of High and Low Pressure Tube Hydroforming of TRIP Steel[J]. Computational Materials Science, 2009, 47(1): 146-152.

[18] Nikhare C, Weiss M, Hodgson P D. An Investigation of Complex Shapes during Low Pressure Tube Hydroforming: IDDRG 2009: Material Property Data for More Effective Numerical Analysis: Proceedings of the 2009 International Deep-Drawing Research Group Annual Conference, Colorado, 2009[C]. Colorado: IDDRG, 2009.

[19] Nikhare C, Weiss M, Hodgson P D. Die Closing Force in Low Pressure Tube Hydroforming[J]. Journal of Materials Processing Technology, 2010, 210(15): 2238-2244.

[20] Nikhare C. Pressurization System in Low Pressure Tube Hydroforming[J]. Modeling and Numerical Simulation of Material Science, 2013, 03(03): 71-78.

[21] Nikhare C, Weiss M, Hodgson P D. Buckling in Low Pressure Tube Hydroforming[J]. Journal of Manufacturing Processes, 2017, 28: 1-10.

[22] Liu X F, Yang L F, Zhang Y X. Wrinkling Identification and Wrinkle Distribution of a Tube in Hydroforming with Radial Crushing[J]. Advanced Materials Research, 2011, 291-294: 662-667.

[23] Lei P, Yang L F, Zhang Y X. Investigation on the Formability of Tube in Hydroforming with Radical Crushing under Simple Loading Paths[J]. Advanced Materials Research, 2011, 291-294: 595-600.

[24] Tao Z H, Yang L F. Forming Margin Diagram for Tube Hydroforming with Radial Crushing under Linear Loading Path[J]. Advanced Materials Research, 2012, 538-541: 1106-1110.

[25] Yang L F, Tao Z H, He Y L. Prediction of Loading Path for Tube Hydroforming with Radial Crushing by Combining Genetic Algorithm and Bisection Method[J]. Proceedings of the Institution of Mechanical Engineers, Part B: Journal of Engineering Manufacture, 2014, 229(1): 110-121.

[26] Yang L F, Rong H S, He Y L. Deformation Behavior of a Thin-Walled Tube in Hydroforming with Radial Crushing Under Pulsating Hydraulic Pressure[J]. Journal of Materials Engineering and Performance, 2014, 23(2): 429-438.

[27] Chu G N, Lin C Y, Li W, et al. Effect of Internal Pressure on Springback during Low Pressure Tube Hydroforming[J]. International Journal of Material Forming, 2018, 11(6): 855-866.

[28] T Rikimaru, M Ito. Hammering Hydro-forming of Tubes[J]. Press Working, 2001, 39(7): 58-65.

[29] K Mori, T Maeno, S Maki. Mechanism of Improvement of Formability in Pulsating Hydroforming of Tubes[J]. International Journal of Machine Tools and Manufacture, 2007, 47(6): 978-984.

[30] Xu Y, Zhang S H, Cheng M, et al. Formability Improvement of Austenitic Stainless Steel by Pulsating Hydroforming[J]. Proceedings of the Institution of Mechanical Engineers, Part B: Journal of Engineering Manufacture, 2015, 229(4).

[31] Loh-Mousavi M, Mirhosseini A M, Amirian G. Investigation of Modified Bi-Layered Tube Hydroforming by Pulsating Pressure[J]. Key Engineering Materials, 2011, 486: 5-8.

[32] 吴丛强, 杨连发, 何玉林, 等. 加载路径对液压胀形管材成形性能的影响[J]. 现代机械, 2008, 3: 3-6.

[33] 陈奉军. 管材径压胀形成形规律的研究[D]. 桂林: 桂林电子科技大学, 2009.

[34] 王宁华. 脉动液压成形条件下管材塑性硬化规律的研究[D]. 桂林: 桂林电子科技大学, 2015.

[35] 刘建伟, 姚馨淇, 李玉寒, 等. 液压胀形环境下管材的力学行为[J]. 锻压技术, 2019, 44(02): 1-6, 36.

[36] Huang C M, Liu J W, Zhong Y Z, et al. Exploring Liquid Impact Forming Technology of the Thin-Walled Tubes[J]. Applied Mechanics and Materials, 2014, 633-634: 841-844.

[37] 佘雨来, 廖宏谊, 刘建伟, 等. 基于Workbench的管材液压冲击成形数值模拟[J]. 桂林电子科技大学学报, 2016(02): 140-143.

[38] 刘建伟, 杨年炯, 武敏建, 等. 金属双层管冲击液压胀形装置设计与力学分析[J]. 机床与液压, 2017(07): 81-84.

[39] Karami J S, Nourbakhsh S D, Aghvami K T. Experimental and Numerical Assessment of Mechanical

Properties of Thin-walled Aluminum Parts Produced by Liquid Impact Forming[J]. International Journal of Advanced Manufacturing Technology,2018,96(9-12):4085-4094.

[40] Liu J W,Yao X Q,Li Y H,et al. Investigation of the Generation Mechanism of the Internal Pressure of Metal Thin-walled Tubes Based on Liquid Impact Forming[J]. The International Journal of Advanced Manufacturing Technology,2019,105(7):3427-3436.

[41] 孙昌迎. 双金属薄壁管冲击液压胀形规律的研究[D]. 桂林:桂林电子科技大学,2019.

[42] Ma J P,Yang L F,He Y L,et al. Frictional Characteristics of Thin-walled Tubes in Liquid Impact Forming[J]. Industrial Lubrication and Tribology,2019.

[43] 王同海,孙胜. 管材胀形工艺分类及其变形力学特征[J]. 锻压技术,1999(04):3-5.

[44] Liu F J,Zheng J Y,Xu P,et al. Forming Mechanism of Doublelayered Tubes by Internal Hydraulic Expansion[J]. International Journal of Pressure Vessels and Piping,2004,81(7):625-633.

[45] Liu J W,Liu X Y,Yang L F,et al. Investigation of Tube Hydroforming Along with Stamping of Thin-walled Tubes in Square Cross-section Dies[J]. Proceedings of the Institution of Mechanical Engineers,Part B:Journal of Engineering Manufacture,2016,230(1):111-119.

[46] 刘建伟. 基于冲击液压载荷的金属薄壁管成形机理与变形规律的研究[D]. 长沙:中南大学,2016.

[47] 杨连发,陈奉军. 管材径压胀形装置开发及试验研究[J]. 中北大学学报(自然科学版),2010,31(06):562-567.

[48] Yang L F,Guo C. Determination of Stress-strain Relationship of Tubular Material with Hydraulic Bulge Test[J]. Thin-walled Structures,2008,46(2):147-154.

[49] Sokolowski T,Gerke K,Ahmetoglu M,et al. Evaluation of Tube Formability and Material Characteristics:Hydraulic Bulge Testing of Tubes[J]. Journal of Materials Processing Technology,2000,98(1):34-40.

[50] 王学生,王如竹,吴静怡,等. 基于径向自紧密封的双金属复合管液压成形[J]. 上海交通大学学报,2004(06):905-908.

[51] 王学生,王如竹,李培宁. 复合管液压成形装置及残余接触压力预测[J]. 中国机械工程,2004(08):6-10.

[52] 王学生,王亚辉,李培宁,等. 液压胀合复合管的应力应变分析[J]. 郑州工业大学学报,2001(01):33-35.

[53] Song W J,Kim J,Kang B S. Experimental and Analytical Evaluation on Flow Stress of Tubular Material for Tube Hydroforming Simulation[J]. Journal of Materials Processing Technology,2007,191(3):368-371.

[54] 李玉寒. 冲击液压载荷作用下管材动态塑性本构关系的研究[D]. 桂林:桂林电子科技大学,2017.

[55] Wang X S,Yuan S J,Song P,et al. Plastic Deformation on Hydroforming of Aluminum Alloy Tube with Rectangular Sections[J]. Transactions of Nonferrous Metals Society of China,2012,22:s350-s356.

[56] 刘富君,郑津洋,郭小联,等. 双层管液压胀合的判据准则及分析比较[J]. 机械强度,2006(02):235-239.

[57] 刘富君,郑津洋,郭小联,等. 双层管液压胀合的原理及力学分析[J]. 机械强度,2006(01):99-103.

[58] 刘富君,郑津洋,郭小联,等. 双层管液压胀合过程的试验研究[J]. 压力容器,2006(02):23-27.

[59] Bortot P, Ceretti E, Giardini C. The Determination of Flow Stress of Tubular Material for Hydroforming Applications[J]. Journal of Materials Processing Technology, 2008, 203: 318-388.

[60] 李玉寒,徐波,刘建伟. 基于冲击液压胀形试验及遗传算法构建薄壁管动态塑性本构关系[J]. 塑性工程学报,2021,28(02):139-145.

[61] Boudeau N, Malecot P. A Simplified Analytical Model for Post-processing Experimental Results from Tube Bulging Test: Theory, Experimentations, Simulations[J]. International Journal of Mechanical Sciences, 2012, 65: 1-11.

[62] 刘建伟,刘心宇,杨连发,等. 基于数字散斑相关法的管材胀形轮廓方程的构建[J]. 锻压技术,2014,39:31-35.

[63] Liu J W, Liu X Y, Yang L F, et al. Determination of Flow Stress of Thin-walled Tube Based on Digital Speckle Correlation Method for Hydroforming Applications[J]. International Journal of Advanced Manufacturing Technology, 2013, 69(1-4): 439-450.

[64] M Saboori, H Champliaud, J Gholipour. Evaluating the Flow Stress of Aerospace Alloys for Tube Hydroforming Process by Free Expansion Testing[J]. The International Journal of Advanced Manufacturing Technology, 2014, 72: 275-286.

[65] 王宁华,杨连发. 基于液压胀形实验及增量理论构建管材本构关系[J]. 锻压技术,2015,40(2):133-138.

[66] 薛进学,凌远非,等. 20钢动态力学性能及本构模型的建立[J]. 河南理工大学学报,2016,6(35):841-847.

[67] Thanakijkasem P, Pattarangkun A, Mahabunphachai S, et al. Comparative Study of Finite Element Analysis in Tube Hydroforming of Stainless Steel 304[J]. International Journal of Automotive Technology, 2015, 16(4): 611-617.

[68] Hernandez C, Maranon A, et al. A Computational Determination of the Cowper-Symonds Parameters from a Single Taylor Test[J]. Applied Mathematical Modelling, 2013, 37(7): 4698-4708.

[69] Wu Y F, Li S H, Hou B, et al. Dynamic Flow Stress Characteristics and Constitutive Model of Aluminum7075-T651[J]. The Chinese Journal of Nonferrous Metals, 2013, 23(3): 658-665.

[70] Hou Q Y, Wang J T. A modified Johnson-Cook Model for Mg-Gd-Y Alloy Extended to a Wide Range of Temperatures[J]. Computational Material Science, 2010, 50(1): 147-152.

[71] 张长清,谢兰生,等. 高应变率下TC4-DT钛合金的动态力学性能及塑性本构关系[J]. 中国有色金属学报,2015,25(2):323-329.

[72] 陈松林,赵吉宾,等. 高应变率下材料本构模型参数的获得方法[J]. 中国有色金属学报,2015,25(12):3381-3388.

[73] 杜清松,曾德智,杨斌,等. 双金属复合管塑性成型有限元模拟[J]. 天然气工业,2008(09):64-66.

[74] Hashemi S J, Naeini H M, Liaghat G, et al. Numerical and Experimental Investigation of Temperature Effect on Thickness Distribution in Warm Hydroforming of Aluminum Tubes[J]. Journal of Materials Engineering and Performance, 2013, 22(1): 57-63.

[75] 范敏郁, 黄芳, 郭训忠, 等. 碳钢/不锈钢双金属复合三通液压胀形数值模拟及试验[J]. 塑性工程学报, 2014, 21(05): 6-10.

[76] Cui X L, Wang X S, Yuan S J. Deformation Analysis of Double-sided Tube Hydroforming in Square-section Die[J]. Journal of Materials Processing Technology, 2014, 214(7): 1341-1351.

[77] 张冰. 双层T型薄壁三通管内高压成形研究[D]. 哈尔滨: 哈尔滨工业大学, 2014.

[78] 马福业, 刘忠利, 王刘安, 等. 核级304不锈钢超薄壁三通液压胀形模拟及实验[J]. 塑性工程学报, 2015, 22(05): 76-81.

[79] Guo X Z, Liu Z L, Wang H, et al. Hydroforming Simulation and Experiment of Clad T-shapes[J]. The International Journal of Advanced Manufacturing Technology, 2016, 83(1-4): 381-387.

[80] 崔亚平, 王连东, 吴娜, 等. 大减径比阶梯管坯液压胀形轴向力加载方式的研究[J]. 塑性工程学报, 2017, 24(2): 88-92.

[81] 刘静, 王有龙, 李兰云, 等. 工艺参数对双层304不锈钢波纹管液压胀形的影响[J]. 塑性工程学报, 2017, 24(04): 11-20.

[82] 薛克敏, 孙大智, 李萍. 汽车驱动桥壳液压胀形数值模拟及试验研究[J]. 塑性工程学报, 2017, 24(3): 36-42.

[83] 戴震宇, 杨晨. 轴向补料对微型管件液压成形性能的影响[J]. 塑性工程学报, 2017, 24(4): 47-53.

[84] Cui X L, Wang X S, Yuan S J. Formability Improvement of 5052 Aluminum Alloy Tube by the Outer Cladding Tube[J]. The International Journal of Advanced Manufacturing Technology, 2017, 90(5-8): 1617-1624.

[85] Jia Y K, Li J, Luo J B. Analysis and Experiment on Tube Hydroforming in A Rectangular Cross-sectional Die[J]. Advances in Mechanical Engineering, 2017, 9(5): 168-176.

[86] 林才渊, 赵倩, 初冠南. 双金属复合管充液形成形研究[J]. 精密成形工程, 2018(02): 38-44.

[87] Safari M, Joudaki J, Ghadiri Y. A Comprehensive Study of the Hydroforming Process of Metallic Bellows: Investigation and Multi-objective Optimization of the Process Parameters[J]. International Journal of Engineering, 2019, 32(11): 1681-1688.

[88] 李兰云, 张阁, 刘静, 等. 初始间隙对双金属复合管液压成形的影响研究[J]. 热加工工艺, 2019, 48(5): 136-140.

[89] 郭奶超. 双金属复合管液压胀接原理与工艺参数优化研究[D]. 西安: 西安理工大学, 2019.

[90] 吴娜, 王连东, 王晓迪, 等. 基于均匀增容的大变径比管件液压胀形加载路径研究[J]. 锻压技术, 2019, 44(5): 86-92.

[91] 曾一畔, 徐勇, 夏亮亮, 等. 加载路径对铝合金航空复杂薄壁构件主动式充液成形性能的影响[J]. 塑性工程学报, 2019(05): 180-189.

[92] 艾丽昆, 曲世明. 空心双拐曲轴内高压成形加载路径优化的研究[J]. 机床与液压, 2019, 47(02): 32-36.

[93] 郭衡, 肖小亭, 陈名涛, 等. 基于响应曲面法的并列双支管内高压成形加载路径的优化[J]. 锻压技术, 2019, 44(02): 87-92.

[94] Feng Y Y, Zhang H G, Luo Z A, et al. Loading Path Optimization of T Tube in Hydroforming Process Using Response Surface Method[J]. The International Journal of Advanced Manufacturing Technology,

2019, 101(5-8): 1979-1995.

[95] 苏海波, 邓将华. 异形截面副车架液压成形工艺研究及过程优化[J]. 塑性工程学报, 2019(05): 99-104.

[96] Zhang X L, Chu G N, He J Q, et al. Research on a Hydro-pressing Process of Tubular Parts in an Open Die[J]. The International Journal of Advanced Manufacturing Technology, 2019, 104(5-8): 2795-2803.

[97] 左佳. 基于 Dynaform 的小车前门外板冲压工艺参数的优化[D]. 长沙: 中南林业科技大学, 2017.

[98] Shinde R A, Patil B T, Joshi K N. Optimization of Tube Hydroforming Process (without Axial Feed) by Using FEA Simulations[J]. Procedia Technology, 2016, 23: 398-405.

[99] Merklein M, Kuppert A, Geiger M. Time Dependent Determination of Forming Limit Diagrams[J]. CIRP Annals, 2010, 59(1): 295-298.

[100] Chen X F, Yu Z Q, Hou B, et al. A Theoretical and Experimental Study on Forming Limit Diagram for a Seamed Tube Hydroforming[J]. Journal ofMaterials Processing Technology, 2011, 211(12): 2012-2021.

[101] 侯军明, 李胜祗, 钱健清, 等. 管材液压胀形的 FLSD 研究[J]. 重型机械, 2007(03): 13-15.

[102] 陆宏, 田世伟, 黄文, 等. 铝合金方形管件液压胀形成形性的有限元模拟和实验研究[J]. 锻压技术, 2018, 43(07): 153-158.

[103] Yoshida K, Kuwabara T. Effect of Strain Hardening Behavior on Forming Limit Stresses of Steel Tube Subjected to Nonproportional Loading Paths[J]. International Journal of Plasticity, 2007, 23(7): 1260-1284.

[104] Lei L P, Kang B S, Kang S J. Prediction of the Forming Limit in Hydroforming Processes Using the Finite Element Method and a Ductile Fracture Criterion[J]. Journal of Materials Processing Technology, 2001, 113(1): 673-679.

[105] 马菖宏, 于忠奇, 陈新平, 等. 直缝激光焊管液压成形极限图试验研究[J]. 机械工程学报, 2013(02): 49-53.

[106] 崔晓磊, 王小松, 林艳丽, 等. 管材流体压力成形三维成形极限图[J]. 塑性工程学报, 2014, 21(05): 1-5.

[107] 胡国林, 蔡滨. 应变路径对管材液压胀形成形极限图影响规律的实验研究[J]. 南方农机, 2015(10): 51-52.

[108] 林俐菁. 充液冲击成形关键技术研究[D]. 合肥: 合肥工业大学, 2016.

[109] 刘郁丽, 李佳佳, 赵刚要, 等. 铝合金薄壁矩形管绕弯成形起皱极限的预测[J]. 重庆大学学报, 2011, 34(01): 47-52.

[110] 王敬伟. 基于 DYNAFORM 的 AZ31 镁合金零件拉深成形过程模拟与预测[D]. 太原: 太原理工大学, 2012.

[111] 尹承禹. 22MnB5 矩形管弯曲成形极限研究[D]. 哈尔滨: 哈尔滨工业大学, 2015.

[112] 李军. 钣金件曲面连续翻边成形数值模拟与工艺优化设计研究[D]. 合肥: 合肥工业大学, 2016.

[113] 王鹏. 薄壁管弯曲成形极限数值模拟及成形参数优化[D]. 哈尔滨: 哈尔滨理工大学, 2016.

[114] 杨兵, 张卫刚, 林忠钦, 等. 管件液压成形中加载路径的优化设计方法研究[J]. 塑性工程学报, 2006, 14(5): 171-179.

[115] Tao Z H, Yang L F, Mao X C. Optimization Method of Loading Path for Tube Hydroforming[J]. Applied Mechanics and Material, 2012, 109: 676-680.

[116] 吕箴, 孙政元, 黄乃强, 等. 薄壁管料自由胀形的最佳加载路径[J]. 北京工业大学学报, 1986, 12(2): 87-95.

[117] W Rimkus, H Bauer, M J A Mihsein. Design of Load-curve for Hydroforming Applications[J]. Journal of Materials Processing Technology, 2000 108: 97-105.

[118] 赵长财, 周磊, 张庆. 薄壁管液压胀形加载路径研究[J]. 中国机械工程, 2003, 14(13): 1087-1089.

[119] 林俊峰, 李峰, 韩杰才, 等. 管件液压成形中加载路径的确定方法研究[J]. 材料科学与工艺, 2009, 17(6): 840-843.

[120] 张彦敏, 张学宪, 宋志真. Y 型三通管液压胀形工艺分析及有限元数值模拟[J]. 矿山机械, 2008, 36(24): 88-91.

[121] Yang J B, Jeon B H, Oh S I. Design Sensitivity Analysis and Optimization of the Hydroforming Process[J]. Journal of Materials Processing Technology, 2001, 113(1): 666-672.

[122] Fann K J, Hsiao P Y. Optimization of Loading Conditions for Tube Hydroforming[J]. Journal of Materials Processing Technology, 2003, 140(1): 520-524.

[123] Mirzaali M, Liaghat G H, Naeini H M, et al. Optimization of Tube Hydroforming Process Using Simulated Annealing Algorithm[J]. Procedia Engineering, 2011, 10: 3012-3019.

[124] Mirzaali M, Seyedkashi S M H, Liaghat G H, et al. Application of Simulated Annealing Method to Pressure and Force Loading Optimization in Tube Hydroforming Process[J]. International Journal of Mechanical Sciences, 2012, 55(1): 78-84.

[125] Zhang Y, Zhao S D, Zhang Z Y. Optimization for the Forming Process Parameters of Thin-walled Valve Shell[J]. Thin-walled Structures, 2008, 46: 371-379.

[126] 郑再象, 沈辉, 秦永法, 等. 管件液压成形加载路径的多目标优化[J]. 塑性工程学报, 2010, 17(06): 33-36.

[127] 田仲可. 薄壁结构件塑性成形技术研究[D], 西安: 西北工业大学, 2002.

[128] Li S H, Yang B, Zhang W G, et al. Loading Path Prediction for Tube Hydroforming Process Using a Fuzzy Control Strategy[J]. Materials and Design, 2008, 29: 1110-1116.

[129] An H G, D E Green, J Johrendt. Multi-objective Optimization and Sensitivity Analysis of Tube Hydroforming[J]. International Journal of Advanced Manufacture Technology, 2010, 50: 67-84.

[130] 邱建新, 张世宏, 李国禄, 等. 均匀设计、神经网络和遗传算法结合在内高压成形工艺参数优化中的应用[J]. 塑性工程学报, 2005, 12(4): 76-79.

[131] Nader A, Michael W, Robert M, et al. Optimization Methods for the Tube Hydroforming Process Applied to Advanced High-strength Steels with Experimental Verification[J]. Journal of Materials Processing Technology 2009, 209: 110-123.

[132] 陶智华. 管材径压胀形时折线加载路径优化方法的研究[D]. 桂林: 桂林电子科技大学, 2013.

[133] 王学生, 李培宁, 王如竹. 双金属复合管液压成形压力的计算[J]. 机械强度, 2002(03): 439-442.

[134] Yang L F, Yi L, Guo C. Influence of Pressure Amplitude on Formability in Pulsating Hydro-bugling of

Az31b Mag-nesium Alloy Sheet[J]. Applied Mechanics & Mate-rials, 2011, 128/129: 397-402.

[135] 苑世剑, 何祝斌, 胡卫龙. 非理想材料塑性本构关系的研究现状及发展方向[J]. 塑性工程学报, 2018, 25(4): 01-10.

[136] Strano M, Altan T. An Inverse Energy Approach to Deter-mine the Flow Stress of Tubular Materials for Hydroforming Applications[J]. Journal of Materials Processing Technol-ogy, 2004, 146: 92-96.

[137] Zribi T, Khalfallah A, BelhadjSalah H. Experimental Char-acterization and Inverse Constitutive Parameters Identifica-tion of Tubular Materials for Tube Hydroforming Process[J]. Mater Design 2013, 49: 866-877.

[138] 周文华. 预变形铝合金板材高应变速率塑性变形行为研究[D]. 南昌: 南昌航空大学, 2014.

[139] 薛翠鹤. AZ31镁合金板材温热高速率本构关系研究[J]. 2010, 2(5): 35-38.

[140] 陈刚, 陈忠富, 陶俊林, 等. 45钢动态塑性本构参量与验证[J]. 爆炸与冲击, 2005, 5(25): 451-456.

[141] 刘盼萍, 常列珍, 张治民. 200℃回火50SiMnVB钢Johnson-Cook本构模型的建立[J]. 锻压装备与制造技术, 2008, 7(54): 789-792.

[142] 单岩, 谢龙汉. CATIA V5自由曲面造型[M]. 北京: 清华大学出版社, 2011.

[143] 陈艺双. 基于云计算的资源负载预测[J]. 通讯世界, 2017, (1): 11-12.

[144] 陈宝平, 王德刚. 基于改进的遗传算法对B样条曲线拟合[J]. 内蒙古农业大学学报, 2008, 1(29): 161-163.

[145] 彭丽. 粒子群算法在曲线拟合中的应用[J]. 软件导刊, 2011, 2(10): 55-56.

[146] 徐进峰. ANSYS Workbench 15.0完全自学一本通[M]. 北京: 电子工业出版社, 2014.